VOCABULÁRIO DE FRIEDRICH NIETZSCHE

VOCABULÁRIO DE FRIEDRICH NIETZSCHE

Patrick Wotling
Professor de Filosofia da Université de Reims (França)
Fundador e atual tutor do Grupo Internacional de
Investigação sobre Nietzsche (GIRN)
Tradutor e autor de obras sobre a filosofia de Friedrich Nietzsche

Tradução
CLAUDIA BERLINER

Revisão técnica
ANDRÉ LUIS MUNIZ GARCIA

Esta obra foi publicada originalmente em francês com o título
LE VOCABULAIRE DE NIETZSCHE
por Les Éditions Ellipses – Marketing S.A.
Copyright © Ellipses/Éditons – Marketing, França
Copyright © 2011, Editora WMF Martins Fontes Ltda.,
São Paulo, para a presente edição.

1ª edição 2011
2ª tiragem 2021

Tradução
CLAUDIA BERLINER

Revisão técnica
André Luis Muniz Garcia
Acompanhamento editorial
Luzia Aparecida dos Santos
Revisões
Helena Guimarães Bittencourt
Renato da Rocha Carlos
Edição de arte
Katia Harumi Terasaka
Produção gráfica
Geraldo Alves
Paginação
Moacir Katsumi Matsusaki
Capa
Casa Rex
Foto
Akg-Images (akg009621)/Latinstock

Dados Internacionais de Catalogação na Publicação (CIP)
(Câmara Brasileira do Livro, SP, Brasil)

Wotling, Patrick
  Vocabulário de Nietzsche / Patrick Wotling ; tradução Claudia Berliner. – São Paulo : Editora WMF Martins Fontes, 2011. – (Coleção Vocabulário dos filósofos)

Título original: Le vocabulaire de Nietzsche
ISBN 978-85-7827-433-7

1. Nietzsche, Friedrich Wilhelm, 1844-1900 – Glossários, vocabulários, etc. 2. Nietzsche, Friedrich Wilhelm, 1844-1900 – Linguagem I. Título. II. Série.

11-06769   CDD-193

Índice para catálogo sistemático:
1. Vocabulários de Nietzsche : Filosofia   193

Todos os direitos desta edição reservados à
Editora WMF Martins Fontes Ltda.
*Rua Prof. Laerte Ramos de Carvalho, 133 01325.030 São Paulo SP Brasil
Tel. (11) 3293.8150 e-mail: info@wmfmartinsfontes.com.br
http://www.wmfmartinsfontes.com.br*

"As palavras nos barram o caminho", declara Nietzsche em *Aurora*¹. Ao retomar o conjunto de sua obra alguns anos depois, ele esclareceu em um de seus derradeiros textos: "Antes de me ter lido, não se sabia o que *era possível* fazer com a língua alemã – o que, de modo geral, era possível fazer com a linguagem."² Essa afirmação de *Ecce homo* indica bem que, se Nietzsche revolucionou radicalmente a problemática filosófica, não reformou menos profundamente a língua da filosofia: entrar no universo do pensamento nietzschiano será antes de mais nada aventurar-se numa lógica de expressão nova, uma nova linguagem, segundo uma fórmula prezada pelo autor de *Assim falou Zaratustra*. Com efeito, o uso corrente da língua mais mascara do que resolve ou revela as dificuldades filosóficas e, por isso, entrava constantemente os esforços do pensamento: "pomos uma palavra ali onde principia nossa ignorância – onde já não conseguimos ver além, por exemplo, da palavra 'eu', da palavra 'fazer', da palavra 'sofrer': talvez sejam os horizontes de nosso conhecimento, mas não 'verdades'" (*FP XII*, 5 [3]3³). Para ler

1. *Aurora*, § 47.
2. *Ecce homo*, "Por que escrevo tão bons livros", § 4.
3. Para designar os *Fragmentos póstumos*, utilizaremos a abreviação *FP*, seguida seja do número do tomo da edição Gallimard (de IX a XIV), quando se trata de volumes constituídos exclusivamente de textos póstumos (ou seja, os textos que vão do verão de 1882 ao começo de janeiro de 1889), seja, no caso contrário, do título da obra que eles acompanham e, por fim, do número do fragmento no tomo citado. O asterisco (*) indicará os termos citados por Nietzsche em francês.

5

Nietzsche, ainda é preciso ter em mente a ideia de que, longe de ser um instrumento de expressão neutro, a linguagem é portadora de valores, logo, de interpretações e de escolhas e que, por isso, não permite restituir adequadamente nenhum tipo de pensamento, sobretudo se este pretende questionar justamente os valores sobre os quais ela está fundamentada. Essa profunda desconfiança em relação à linguagem, aliada à ambição de renovar radicalmente o modo de pensar, traz algumas consequências essenciais para a escrita nietzscheana: por isso a questão do estilo e a questão da leitura, por exemplo, são explicitamente tematizadas. Nietzsche atribui à sua nova linguagem uma dupla função: exprimir com precisão, em todas as suas nuanças, pensamentos novos, mas também pensamentos que para Nietzsche não podiam ser expressos no uso ordinário da linguagem. A segunda finalidade concerne aos efeitos de recepção: o estilo da escrita nietzschiana responde a uma vontade de selecionar o leitor e, para tanto, pô-lo constantemente à prova: donde o caráter desconcertante do texto, falsamente simples às vezes, muitas vezes enganoso, tanto mais que a tecnicidade conceitual, está em geral mascarada sob uma utilização da língua que pode parecer, externamente, perfeitamente usual. A necessidade de uma reforma da língua filosófica fica, pois, patente, e, nessas condições, entende--se por que a análise da linguagem de Nietzsche constitui uma condição prévia a qualquer acesso ao conteúdo de sua reflexão. Se restringirmos o exame dessa vasta empresa que é a construção de uma nova linguagem apenas ao campo do vocabulário, três traços essenciais caracterizam a originalidade do léxico nietzschiano:

– Seus elementos constitutivos não são apenas palavras – entre as quais vários neologismos –, mas também, abundantemente, fórmulas e perífrases (vontade de poder, moralidade dos costumes, sentido histórico, *páthos* da distância...), a maioria das quais também são criações originais.

– Fonte de dificuldades de leitura ainda mais acentuadas, o segundo procedimento que caracteriza esse léxico decorre da retomada de termos filosóficos antigos, esvaziados de seu significado clássico e investidos de um novo sentido (vontade, por exemplo, ou ainda verdade).

– Enfim, não se pode desconsiderar o uso superabundante de signos que matizam constantemente o uso dos termos:

aspas, itálicos, mas também recurso a palavras estrangeiras, notadamente francesas (*ressentiment, décadence*), etc. Esses procedimentos absolutamente não decorrem da ornamentação ou da preciosidade e fazem sentido filosoficamente: portanto, deve-se prestar atenção ao fato de que uma mesma palavra, enquanto utilizada com ou sem aspas, pode designar alternativamente duas situações perfeitamente opostas. O caso mais frequente no *corpus* nietzschiano é o do jogo com os termos *Cultur* e "*Cultur*".

O caráter atípico do uso linguístico peculiar a Nietzsche leva-o a definir com grande frequência, particularmente em seus textos póstumos, o sentido das noções postas em jogo pelos diferentes modos de designação a que ele recorre. Cumpre precisar, porém, que esse próprio trabalho de definição muda de natureza: no seu pensamento da interpretação, a definição já não pode ser entendida como expressão de uma essência, e sim como resultado de uma investigação genealógica. Busca das origens produtoras de uma interpretação, a genealogia trabalha por natureza no elemento do múltiplo. Logo, não surpreenderá constatar, quase sistematicamente, o caráter fortemente sintético das fórmulas e expressões de Nietzsche: defini-las será, pois, em larga medida, desdobrar as linhas de análise que elas reúnem.

# ABREVIAÇÕES

Os *Fragmentos póstumos* foram designados pela abreviação *FP*, seguida do título da obra que eles acompanham ou do número do tomo na edição Gallimard (de IX a XIV), quando se trata de volumes constituídos exclusivamente de textos póstumos (ou seja, os textos escritos entre o verão de 1882 e o princípio de janeiro de 1889). Essa designação é seguida da referência do fragmento no tomo citado (número da série, depois número do fragmento dentro da série).

FP de *A gaia ciência* remete, pois, às séries de textos póstumos recolhidos na sequência de *A gaia ciência* na edição das *Œuvres philosophiques complètes* (tomo V).

FP X remete da mesma maneira ao tomo X dessa edição, que reúne exclusivamente os textos póstumos escritos entre a primavera de 1884 e o outono do mesmo ano.

Afeto
Al.: *Affekt* – Fr.: *Affect*

* Um dos traços característicos da reflexão de Nietzsche é a crítica do primado da razão e o reconhecimento do privilégio da sensibilidade. Mas Nietzsche não se contenta em inverter a hierarquização tradicional desse par: simultaneamente, ele radicaliza o estatuto da sensibilidade para constituir uma teoria da afetividade totalmente renovada. É esse o movimento que a noção de afeto exprime, mais profunda que a simples paixão e caracterizada, num primeiro nível, por seu grau de vivacidade: os afetos são "as mais violentas potências naturais" segundo a definição que deles dá um texto póstumo (*FP XIII*, 10 [203]).

** O termo "afeto" deve ser associado aos termos "instinto" e "pulsão," dos quais, na verdade, só se distingue para sublinhar a dimensão intrinsecamente passional desses processos infraconscientes – também se poderia dizer que ele insiste na dimensão inconsciente da afetividade. Traduz, portanto, modos de atração ou de repulsão que regulam as preferências fundamentais próprias das condições de vida de um tipo de sistema pulsional particular. Em última análise, os afetos são expressões particulares da vontade de poder e de seu trabalho de dar forma interpretativa, como indica notadamente o texto póstumo de 1888: "Que a vontade de poder é a forma primitiva do afeto, que todos os afetos nada mais são senão desenvolvimentos seus" (*FP XIV*, 14 [121]). Esse nexo entre a vontade de poder e os afetos é que explica a extrema atenção que a eles presta Nietzsche na sua análise do niilismo: a potência persistente de alguns deles é, de fato, sinal indicativo de que até na negação da vida é ainda a vontade de poder que se exprime e encontra os meios, indiretos, de sua própria intensificação.

*** O afeto é pensado por Nietzsche no âmbito da teoria do valor, como tradução da atividade interpretativa articulada a avaliações fundamentais que regulam a atividade de um tipo determinado de vivente. Os textos mais profundos de Nietzsche caracterizam assim o afeto a partir da memória, isto é, do processo de seleção e de retenção próprio de uma forma de vida específica: "Os afetos são sintomas da formação do material da memória – uma vida que ali prossegue sem interrupção e uma coordenação na sua ação" (*FP* X, 25 [514]). Por via de consequência, todas as interpretações construídas pelos viventes, qualquer que seja sua natureza, podem ser definidas como linguagem semiológica (*Zeichensprache*) dos afetos. Ponto esse que Nietzsche destaca muito particularmente no caso da moral: "*As morais como linguagem semiológica dos afetos: mas os afetos, eles mesmos, uma linguagem semiológica das funções de tudo o que é orgânico*" (*FP* IX, 7 [60], tradução nossa).

Particularmente importante para a reflexão nietzschiana é o afeto do comando, ou seja, o tipo de afetividade característica da emissão de uma ordem: esse afeto pode ser definido como a percepção das relações de poder características de uma estrutura pulsional dada (ver, por exemplo, *Para além de bem e mal*, § 19). O ponto capital a esse respeito é sem dúvida que a noção de afeto permite a Nietzsche resolver o problema da comunicação pulsional e mostrar que as vontades de poder são percebidas e avaliadas mutuamente – um dos traços indicativos de que a teoria nietzschiana das pulsões não pode ser pensada com base no modelo da monadologia leibniziana.

Além-do-Homem

Al.: *Übermensch* – Fr.: *Surhumain*

* O substantivo *Übermensch* é introduzido em *Assim falou Zaratustra*; convém, em primeiro lugar, prestar atenção à formação linguística desse termo: o prefixo *über* ("sobre") sempre indica em Nietzsche uma elevação de grau, portanto, de valor no sentido de uma hierarquia – no caso, a da tipologia humana, das diferentes formas que pode adotar o sistema pulsional do homem. O *Übermensch*, que seria enganoso traduzir por "super-homem", faz pensar portanto num tipo superior de homem.

** Embora o termo além-do-homem sublinhe fortemente a ideia de superação, essa superação não é a do homem em geral e menos ainda da essência do homem, noção totalmente destituída de sentido no universo de pensamento nietzschiano, e sim do tipo de vida humana predominante na cultura europeia contemporânea, ascética e vítima do niilismo na sua forma mais acentuada. A investigação axiológica revela o pouco valor do tipo pulsional que a civilização europeia, sob a autoridade dos valores morais, pensa como tipo superior, qual seja, o tipo "bom". Com relação a esse tipo é que se deve, inicialmente, entender a elevação do homem visada pelo além-do-homem, como mostra, por exemplo, *Ecce homo*: "Zaratustra não deixa lugar aqui a nenhuma dúvida: ele diz que é precisamente o conhecimento dos 'bons', dos 'melhores', que inspirou nele o horror ao homem em geral: foi *essa* aversão que lhe deu asas para 'alçar seu voo rumo a distantes futuros' – ele não esconde que *seu* tipo de homem, um tipo relativamente além-do-homem, é justamente além-do-homem com relação aos homens *bons*, e que os 'bons' e os 'justos' chamariam seu além-do-homem de *demônio*" ("Por que sou um destino", § 5, trad. modificada).

*** Esse pensamento talvez seja um momento de tensão na reflexão nietzschiana. Na leitura dos textos, convém distinguir ao menos duas caracterizações da noção de além-do-homem: como o tipo de homem mais sábio por um lado, como o mais forte, por outro. Em todo caso, nenhuma dessas duas noções visa a um ideal de preeminência política. Comparado a um deus epicurista, o além-do-homem define-se, antes, por uma tarefa de natureza axiológica: a transfiguração da existência (ver *FP XI*, 35 [73]). Logo, o problema que se coloca não é um problema de evolução da espécie, mas um problema de cultura, ou seja, de valor e de educação realizada pela incorporação no longo prazo de valores particulares: "A questão que aqui levanto não é saber o que deve suceder a humanidade na sequência de seres (pois o homem é um *fim*), e sim que tipo de homem cumpre *criar*, cumpre *querer*, como o mais rico em valores superiores, o mais digno de viver, o mais certo de um futuro" (*O anticristo*, § 3. Ver também *FP XIII*, 11 [413] e 11 [414]). Percebe-se, portanto, que essa difícil noção se inscreve muito precisamente na lógica da problemática nietzschiana – o além-do-homem não remete nem a uma análise metafísica nem a uma expectativa messiânica, e é referindo-se à história, ao "grande laboratório" axiológico que ela é, que Nietzsche pretende justificar sua legitimidade; com efeito, o estudo das culturas mostra o surgimento recorrente de indivíduos pertencentes a esse "tipo superior": "surgem constantemente casos isolados de sucesso, nos mais diferentes lugares da terra, a partir das mais diversas culturas; casos em que de fato se manifesta um tipo superior, algo que, comparado ao conjunto da humanidade, é uma espécie de além-do-homem" (*O anticristo*, § 4).

Amor fati

Fr.: *Amor fati* – Al.: *Amor fati*

* Retomada de uma fórmula emprestada do estoicismo romano, o *amor fati*, literalmente o "amor ao destino", é uma das expressões pela qual Nietzsche designa o assentimento, o sim, como atitude geral para com a realidade. Trata-se, portanto, de pensar uma relação afetiva e não gnoseológica com o destino: não a resignação em face da fatalidade inelutável, mas, muito pelo contrário, a aceitação alegre, e mesmo o fato de sentir a necessidade como uma forma de beleza: "Quero cada vez mais aprender a ver na necessidade das coisas o belo: serei assim um daqueles que embelezam as coisas. *Amor fati*: este seja doravante o meu amor! Não quero fazer guerra ao feio. Não quero acusar, não quero nem mesmo acusar os acusadores. Que minha única negação seja *desviar os olhos*! E, no final das contas, quero mesmo, sejam quais forem as circunstâncias, ser somente um homem que diz sim!" (*A gaia ciência*, § 276).

** O *amor fati* opõe-se fortemente, portanto, ao idealismo, caracterizado por Nietzsche como fuga da realidade e vontade de negá-la, condenando seus aspectos dolorosos ou trágicos. Essa atitude de condenação da realidade sensível, enraizada no ressentimento e na vontade de vingança em relação à vida, é aquela que Nietzsche diz perceber na metafísica clássica, assinalada a seu ver pela criação interpretativa de um mundo do ser, imutável, eternamente idêntico a si, de um mundo suprassensível separado do devir e das contradições, sentidos como fontes de sofrimentos intoleráveis. Pressupondo, do ponto de vista pulsional, probidade e coragem – aptidão para pensar a realidade na sua totalidade e capacidade de enfrentá-la até naquilo que ela tem de terrível –, o *amor fati* identifica-se com uma das dimensões do dionisíaco e torna--se para Nietzsche o traço característico da grandeza humana: "Minha fórmula para expressar a grandeza no homem é *amor fati*: não querer nada além do que existe, nem no futuro, nem no passado, nem pelos séculos dos séculos. Não se contentar em suportar o inelutável e menos ainda dissimulá-lo – todo idealismo é uma maneira de mentir para si diante do inelutável –, mas amá-lo..." (*Ecce homo*, "Por que sou tão inteligente", § 10).

*** O pensamento sobre o *amor fati*, assim ligado à dupla compreensão nietzschiana do niilismo, culmina na doutrina do eterno retorno como forma suprema do assentimento a tudo o que se produz. O pensamento mais afirmativo em termos de conteúdo, aquele que diz sim à realidade sem dela nada excetuar – ele se expressa do modo mais afirmativo, a saber, como vontade de reviver eternamente, identicamente, a totalidade de sua vida: "Uma filosofia experimental tal como a que vivo até antecipa, a título de ensaio, as possibilidades do niilismo radical: o que não quer dizer que ela fica num "a gente"[1], numa negação, numa vontade de negar. Muito pelo contrário, ela quer alcançar o inverso – um *assentimento dionisíaco* ao mundo tal como ele é, sem dele nada tirar, excetuar, selecionar – ela quer o ciclo eterno – as mesmas coisas, a mesma lógica e não lógica dos nós. O mais alto estado que um filósofo pode alcançar: ter para com a existência uma atitude dionisíaca: minha fórmula para isso é o *amor fati*..." (*FP XIV*, 16 [32]). Esse amor se traduz, portanto, na forma de um querer.

1. Nietzsche emprega "es" ("on" em francês) para indicar a indeterminação do sujeito da oração. O que aqui é destacado é precisamente essa indeterminação, algo como uma zona neutra, algo "não pessoal". (N. do R.T.)

Aparência
Al.: *Schein* – Fr.: *Apparence*

* A aparência é oposta à noção clássica de fenômeno (*Erscheinung*), que Nietzsche condena como ilegítima: "A palavra fenômeno esconde muitas seduções, motivo pelo qual evito ao máximo empregá-la, pois não é verdade que a essência das coisas se manifesta no mundo empírico. Um pintor que fosse maneta e quisesse exprimir por meio do canto o quadro que projeta pintar sempre dirá bem mais, ao passar de uma esfera para a outra, sobre a essência das coisas do que o mundo empírico revela" (*Verdade e mentira no sentido extramoral*, p. 285). O fenômeno implica um pensamento inadequado do sensível por pressupor de saída uma divisão dualista e, portanto, a desvalorização da simples manifestação em proveito do ser. A aparência, em contrapartida, designa a realidade sensível e seu jogo cambiante, exprimindo a desqualificação de qualquer mundo da verdade. O termo possui em alemão uma forte conotação de ilusão que o termo francês mascara, mas que traduz bem a inversão de perspectiva axiológica que comanda o pensamento nietzschiano.

** Nietzsche identifica aparência e realidade e rejeita a teoria dos dois mundos sob todas as suas formas, característica do pensamento metafísico. Nessas condições, o sonho, com sua lógica própria, torna-se um modelo de inteligibilidade privilegiado para pensar a realidade como aparência: "O que é para mim a 'aparência' agora! Certamente não o contrário de uma essência qualquer –, o que posso enunciar de uma essência qualquer senão apenas os predicados de sua aparência! Certamente não uma máscara morta que se pudesse pôr sobre um X desconhecido e igualmente removê-la! A aparência é para mim isso mesmo que age e vive, que leva tão longe o autodeboche que me faz sentir que tudo aqui é aparência, luzes fátuas, dança dos espíritos e nada mais –, que entre todos esse sonhadores, também eu, 'homem do conhecimento', danço minha própria dança, que o homem do conhecimento é um meio de fazer durar a dança terrestre e que nessa medida ele faz parte dos grandes mestres de cerimônia da existência, que o encadeamento e a ligação sublimes de todos os conhecimentos são e serão talvez o supremo meio de manter a universalidade do devaneio e a plena inteligibilidade mútua de todos esses sonhadores e talvez, assim, de *prolongar a duração do sonho*" (*A gaia ciência*, § 54).

*** Isso não significa que essa aparência seja deixada ao empírico. Ao contrário, é repensada como vontade de poder, ou seja, como processo dionisíaco que exprime um jogo pulsional incessante. Nesse sentido, Nietzsche dispensa tanto a confiança na racionalidade quanto a capacidade da lógica para exprimir a natureza profunda da realidade. A característica dessa aparência é ser insondável, poder permanente de metamorfose que zomba dos esforços de tentar fixá-lo num esquema gnoseológico controlável: "A *aparência*, no sentido como a entendo, é a verdadeira e única realidade das coisas – aquilo a que se aplicam exclusivamente todos os predicados existentes e que em certa medida não pode ser definido melhor do que pelo conjunto dos predicados, ou seja, também pelos predicados contrários. Ora, essa palavra nada mais exprime senão o fato de ser *inacessível* aos procedimentos e distinções lógicos: logo, uma 'aparência', se a compararmos à 'verdade lógica' – que, ela própria, só é possível num mundo imaginário. Portanto, não coloco a 'aparência' em oposição à 'realidade', ao contrário, considero que a aparência é a realidade, aquela que resiste a toda transformação num imaginário 'mundo verdadeiro'. Um nome preciso para essa realidade seria 'a vontade de poder', assim designada segundo sua estrutura interna e não a partir de sua natureza proteiforme, inapreensível e fluida" (*FP XI*, 40 [53]). Esse pensamento positivo da aparência opõe-se, pois, ao ideal e ao idealismo, caracterizado psicologicamente como uma forma de medo que leva a fugir ante a realidade.

Apolíneo

Al.: *Apollinisch* – Fr.: *Apollinien*

* Introduzido desde as primeiras linhas de *O nascimento da tragédia*, o apolíneo é caracterizado como uma das duas pulsões da natureza, "forças artísticas que brotam da própria natureza sem a mediação do artista" (*O nascimento da tragédia*, § 2) –, sendo a segunda o dionisíaco. Com efeito, os gregos expressavam intuitivamente sua reflexão estética em imagens e não em conceitos, como fariam os filósofos. A pulsão apolínea é pensada, portanto, como fonte das artes plásticas, das artes da visão, da escultura sobretudo, mas também arquitetura, pintura ou ainda poesia épica.

** A elucidação do apolíneo e do dionisíaco se dá a partir de um duplo modelo fisiológico: o do sonho (Apolo) e o da embriaguez (Dioniso). Com relação ao apolíneo e ao modelo analógico do sonho, três características devem ser destacadas na análise nietzschiana: em primeiro lugar, a produção de belas aparências, de imagens idealizadas, com contornos bem definidos, ou seja, ainda individuadas; em seguida, o distanciamento, ou seja, a percepção do caráter onírico do sonho e, portanto, a percepção da diferença entre sonho e realidade no próprio sonho; no ato mesmo de contemplação das belas formas e das belas aparências, conservamos a certeza de que não se trata de outra coisa senão de aparências – a aparência é percebida como aparência: "É um sonho; continuemos a sonhar!" (§ 1); enfim, o prazer resultante dessa contemplação de belas aparências, que provém tanto da inteligibilidade imediata das imagens quanto do distanciamento interno ao sonho. Tais são os traços sintetizados pela imagem de Apolo, o deus solar – das belas aparências luminosas; o deus da medida – do princípio de individuação, da imagem idealizada, purgada das imperfeições da realidade; o deus profético – o deus que se exprime por imagens e não pela linguagem da realidade diurna, o deus da compreensão imediata pela imagem e do prazer extraído da imagem.

*** A pulsão apolínea é a responsável pela criação do mundo olímpico. Os deuses do panteão grego são figuras humanas idealizadas – a vida humana transplantada para belas formas e belas aparências. Ora, esse mundo apolíneo é objeto de uma crença por parte dos gregos, de uma profunda adesão: ele não se reduz simplesmente a um espetáculo exterior. Portanto, é dele e não da realidade diurna cotidiana, banal, que os gregos

– nos períodos em que triunfa a pulsão apolínea – tiram sua interpretação da vida. Donde sua significação profunda: "Assim é que os deuses justificam a vida humana – vivendo-a eles mesmos – única teodiceia satisfatória!" (§ 3). Desse modo, é superado o pessimismo que constitui o fundo dionisíaco da compreensão grega da vida, expressa pela sabedoria de Sileno. Visto sob esse aspecto, Apolo domina Dioniso: a desgraça já não é ter que viver, mas ter que abandonar a vida. Portanto, em face da dor inevitavelmente imposta pela realidade, os gregos, através da figura de Apolo e do mundo olímpico, pensaram a possibilidade de neutralizar a potência desesperadora da realidade, de transfigurá-la. Contrariamente ao que por vezes se afirma, a noção de apolíneo não desaparece ulteriormente da reflexão nietzschiana; é, na verdade, retrabalhada e precisada, notadamente no *Crepúsculo dos ídolos* (por exemplo "Incursões de um extemporâneo", § 10) ou nos textos póstumos dos últimos anos. Nietzsche destaca então a vontade de eternização do devir que o habita, mas uma eternização que é a glorificação dele e não sua negação: "Experiências psicológicas fundamentais: o nome 'apolíneo' designa a imobilização encantada diante de um mundo inventado e sonhado, diante do mundo da *bela aparência* na medida em que ele liberta do *devir*: com o nome de Dioniso é batizado, por outro lado, o devir concebido ativamente, sentido subjetivamente como volúpia furiosa do criador que conhece simultaneamente a fúria do destruidor. Antagonismo dessas duas experiências e dos *desejos* que constituem seu fundamento: o primeiro quer *eternizar* a aparência, diante dela o homem fica calmo, sem desejos, semelhante a um mar tranquilo, curado, em harmonia consigo e com toda a existência; o segundo desejo aspira ao devir, à volúpia do fazer devir, ou seja, do criar e do destruir" (*FP XII*, 2 [110]).

Arte
Al.: *Kunst* – Fr.: *Art*

* A reflexão sobre a arte é uma preocupação constante da reflexão de Nietzsche, que renova seu estatuto de fio a pavio. Da "metafísica de artista", apresentada em *O nascimento da tragédia*, à "fisiologia da arte", elaborada nos últimos anos, permanecem os traços fundamentais da orientação nietzschiana: a recusa da análise essencialista, a recusa do cognitivismo, a recusa das problemáticas da imitação, a recusa do ponto de vista da recepção: já não se trata de definir uma essência do belo, mas de refletir segundo o ponto de vista do criador e, sobretudo, de repensar a arte na perspectiva da teoria dos valores.

** A arte repousa numa condição fundamental: a embriaguez, pensada como sentimento de potência de altíssimo grau: "o sentimento de embriaguez corresponde, na realidade, a um *suplemento de força* [...]. O estado de prazer chamado *embriaguez* é exatamente um alto sentimento de potência..." (*FP XIV*, 14 [117]). Produzida pela embriaguez, a arte possui a particularidade de suscitar, dessa maneira, a embriaguez e desencadear um efeito de impulso à criação: "todas as coisas distintas, todas as nuanças, na medida em que evocam as extremas intensificações de força que a embriaguez produz, despertam por sua vez esse sentimento de embriaguez [...], o efeito das obras de arte é suscitar o *estado no qual se cria arte*, a embriaguez..." (*FP XIV*, 14 [47]).

*** A arte é também interpretação, o que implica reconfiguração, deformação, seleção da realidade: "*A arte* é justamente o que sublinha as *linhas principais*, conserva os traços decisivos, elimina muitas coisas" (*FP X*, 26 [424]). Enquanto atividade interpretativa que se reconhece como tal (ao contrário do conhecimento ou da moral, por exemplo), a arte se torna um modelo para pensar o conjunto das atividades humanas e, em particular, a atividade filosófica: "Todo ser orgânico que 'julga' age *como o artista*: a partir de excitações, estimulações particulares, ele cria um todo, deixa de lado muitos detalhes particulares e cria uma 'simplificação', ele iguala e afirma sua criatura como *ente*" (*FP X*, 25 [333]). Como toda interpretação, a arte se caracteriza por uma tonalidade afetiva particular, no caso a gratidão, o sim, expressos na sua forma suprema pela ideia de transfiguração: "a arte é essencialmente aprovação, bênção, divinização da existência..." (*FP XIV*, 14 [47]). Por essa razão, ela possui uma dimensão intrinsecamente antimoral e se situa como antípoda do ideal ascético: enquanto "culto do não verdadeiro" (*A gaia ciência*, § 107), ela encarna a santificação da mentira, da ilusão, do falso, se nos expressarmos em termos morais – em termos extramorais, da aparência. Nietzsche ressalta assim seu valor na perspectiva da vida, contra o idealismo que condena a realidade em nome de um mundo da verdade: "a arte *vale mais* que a verdade" (*FP XIV*, 17 [3]; ver também *FP XIV*, 16 [40]: "A verdade é feia: *temos a arte* para que a verdade não nos mate").

Desde *O nascimento da tragédia*, sua primeira obra filosófica, Nietzsche se interroga sobre o sentido e o valor de uma cultura que, como a da Grécia trágica, anterior à era da filosofia e do socratismo, valoriza a atividade artística – e não a atividade de conhecimento – como a mais nobre da vida humana: "considero a arte a tarefa suprema e a atividade propriamente metafísica desta vida" (*O nascimento da tragédia*, "Dedicatória a Richard Wagner"). De fato, esse texto se propõe fundamentalmente a entender por que, graças à arte e em particular a esse casamento do dionisíaco com o apolíneo que caracteriza a tragédia ática, os gregos conseguiram superar o pessimismo a que estavam expostos, a crença na ausência de valor da vida, a ideia de que o maior dos bens é não ser, e o segundo, morrer em breve. É uma linha de reflexão que atravessa o conjunto da meditação nietzschiana. No aforismo 370 de *A gaia ciência*, encontra-se um eco particularmente esclarecedor disso: "Toda arte, toda filosofia pode ser considerada um remédio e um socorro a serviço da vida em crescimento, em luta: pressupõem sempre sofrimento e seres que sofrem. Mas existem dois tipos de seres que sofrem, por um lado aqueles que sofrem da *superabundância da vida*, que querem uma arte dionisíaca e igualmente uma visão e uma compreensão trágicas da vida – e, depois, aqueles que sofrem do *empobrecimento da vida*, que procuram, por meio da arte e do conhecimento, o repouso, a calma, o mar tranquilo, a libertação de si, ou então a embriaguez, a convulsão, o embotamento, a demência" (*A gaia ciência*, § 370). A condenação platônica da arte, por exemplo, funciona então como reveladora aos olhos de Nietzsche: torna possível decidir sobre o valor de qualquer interpretação que privilegie a verdade e o conhecer: "'A que profundidade a arte penetra na intimidade do mundo? E, fora o artista, haverá outras formas artísticas?' Essa questão foi, como se sabe, meu *ponto de partida*: e eu respondi Sim à segunda questão; e à primeira, 'o próprio mundo é todo ele arte'. A vontade absoluta de saber, de verdade e de sabedoria pareceu-me, neste mundo de aparência, um ultraje à vontade metafísica fundamental, pareceu-me contranatural: e, com razão, <o> aguilhão da sabedoria se volta *contra* o sábio. O caráter contranatural da sabedoria se revela na sua hostilidade à arte: querer conhecer ali onde a aparência constitui justamente a salvação – que inversão, que instinto de nada!" (*FP XII*, 2 [119]).

Civilização
Al.: *Civilisation* – Fr.: *Civilisation*

* Nietzsche modifica profundamente o sentido do termo "civilização": longe de designar os aspectos materiais e técnicos próprios à vida de uma comunidade em oposição às produções espirituais, como quer o uso corrente do termo em alemão, a *Civilisation* designa uma forma particular de cultura, sendo esta entendida em seu sentido amplo como conjunto organizado das interpretações que uma série de valores particulares torna possível.

** Na tipologia hierarquizada das culturas, a *Civilisation* opõe-se, em contrapartida, ao que Nietzsche chama de cultura em sentido estrito, isto é, às culturas superiores, às culturas de alto valor: embora seja uma modalidade específica da organização axiológica das comunidades humanas, é uma versão fraca dela, de menor valor, caracterizada pelo sufocamento dos afetos e instintos poderosos – resultado da valorização sistemática dos afetos deprimentes e, muito especialmente, da má consciência, associada às pulsões fortes. Visando quebrar os tipos de homem fortes, bem-sucedidos, ela é portanto sinônimo do que Nietzsche também chama domação, domesticação ou adestramento do homem: "As épocas da *domação* desejada e obtida ('civilização') do homem são as épocas da intolerância em relação às naturezas mais espirituais e mais audaciosas e também a seus mais profundos adversários" (*FP XIII*, 9 [1421]).

*** É a cultura da Europa contemporânea que fornece o paradigma da *Civilisation* para Nietzsche: como cultura da compaixão e da condenação do sofrimento, bem como da recusa da hierarquia sob todas as suas formas, cujo corolário é para Nietzsche a doutrina da igualdade dos direitos – as duas atitudes que Nietzsche designa pela fórmula "ideias modernas".

Compaixão
Al.: *Mitleid* – Fr.: *Pitié*

* A compaixão é um afeto cuja nocividade Nietzsche se esforça constantemente em mostrar: "A compaixão é o oposto dos afetos tônicos que aumentam a energia do sentimento vital: ela tem um efeito deprimente" (*O anticristo*, § 7, trad. modificada). Com efeito, ela não só se revela inapta para eliminar a angústia daquele que sofre, como, ao contrário, propaga o sofrimento, donde sua descrição como fator de contágio, segundo as imagens médicas frequentemente usadas por Nietzsche.

** Psicologicamente falando, a compaixão é reduzida por Nietzsche a uma pulsão de apropriação e de captação. Essa decriptação genealógica modifica consideravelmente a avaliação de seu sentido e de seu valor, diluindo a ideia de virtude a ela vinculada na cultura idealista da Europa: "deve-se distinguir na benevolência a pulsão de apropriação e a pulsão de submissão conforme seja o mais forte ou o mais fraco que sente a benevolência. A alegria e o desejo vêm juntos no mais forte, que quer transformar alguma coisa para fazer dela função sua; no mais fraco, é a alegria e a vontade de ser desejado que quer se tornar função. – A compaixão é essencialmente a primeira dessas duas coisas, uma agradável excitação da pulsão de apropriação ante a visão do mais fraco" (*A gaia ciência*, § 118).

*** A cultura europeia moderna é fundamentalmente uma cultura da compaixão: isso significa que esse afeto, glorificado como um valor, acaba, na época contemporânea, afastando os outros valores sobre os quais essa cultura se baseia. Assim, vai paulatinamente se impondo uma moral da compaixão, uma religião da compaixão, uma política da compaixão – sintomas do esgotamento próprio do niilismo passivo, que em todos os domínios aspira tão somente à abolição do sofrimento, no qual as culturas de alto valor veem, ao contrário, uma incitação a ser superada.

Conhecimento

Al.: *Erkenntnis* – Fr.: *Connaissance*

* Nietzsche repensa a posição do conhecimento na perspectiva da interpretação. Longe de fornecer uma autêntica objetividade, o conhecer é relacionado com um tipo particular de deformação, de falsificação interpretativa. Fundamentalmente, ele representa, desse modo, uma forma inconsciente de atividade artística.

** Com a modificação a que submeteu a posição do conhecimento, Nietzsche exprime sua recusa de qualquer divisão entre o teórico e o prático: o "conhecimento" teórico não é outra coisa senão um trabalho de conformação, não gratuito decerto, mas bem articulado com necessidades práticas, com as exigências fundamentais da vida para um dado vivente.

*** Estudando de maneira mais precisa a posição interpretativa do conhecimento, o aforismo 355 de *A gaia ciência* mostra que ele consiste em reduzir o novo ao já conhecido, ao bem conhecido, ao habitual: "O 'conhecimento' consiste em exprimir uma coisa nova com a ajuda dos signos das coisas já 'conhecidas' e experimentadas", declara ainda um texto póstumo (*FP XI*, 38 [2]). Para tanto, o trabalho de construção do conhecimento se apoia na produção de identidades, o que supõe a eliminação das *diferenças* – é justamente aí onde se opera uma falsificação artística: "O conhecimento: o que torna possível a *experiência*, pela extraordinária simplificação dos acontecimentos efetivos, tanto do lado das forças que para eles contribuem quanto do nosso lado, de nós que os modelamos: *de tal modo que parece haver coisas análogas e idênticas.* O conhecimento é **falsificação** *do que é polimorfo e não enumerável, reduzindo-o ao idêntico, ao análogo, ao enumerável.* Portanto, a vida só é possível graças a esse *aparato de falsificação"* (*FP XI*, 34 [252]). Genealogicamente falando, o conhecimento é reduzido por Nietzsche a uma expressão do medo e da crueldade – medo, pois a redução que ele implica visa eliminar um sentimento de desamparo perante o desconhecido: "nossa necessidade de conhecer não será justamente essa necessidade de bem conhecido, a vontade de descobrir em tudo o que é estrangeiro, inabitual, problemático, algo que não nos inquiete mais? Não seria o *instinto de medo* que nos ordena conhecer? O júbilo do homem do conhecimento não seria justamente o júbilo do sentimento de segurança recuperada?" (*A gaia ciência*, § 355) – crueldade, enfim, sobretudo quando o esforço de apreensão se dá da maneira mais honesta e exigente, pois "dar prova de profundidade e de radicalidade já equivale, de fato, a violar, a querer ferir a vontade fundamental do espírito que incessantemente aspira à aparência e ao superficial – todo querer-conhecer já contém uma gota de crueldade" (*Para além de bem e mal*, § 229). Em última análise, a vontade de conhecimento aparece portanto como um modo particular de intensificação do sentimento de poder, de luta contra os afetos de depressão que traduzem, no nível pulsional, o mal-estar em face de uma realidade nova que escapa ao controle.

Corpo
Al.: *Leib* – Fr.: *Corps*

* Criticando qualquer atribuição ao homem de faculdades suprassensíveis, qualquer identificação dele a uma substância, Nietzsche identifica plenamente o vivente, e em primeiro lugar o homem, ao corpo: "Sou corpo de ponta a ponta e nada além disso" (*Assim falou Zaratustra*, "Dos desprezadores do corpo"). A consciência, a razão são então relacionadas a aspec-

tos particulares da vida do corpo, que só possui unidade enquanto organização.

** A situação, contudo, é mais complexa do que parece, porque, simultaneamente, longe de defender uma posição materialista, Nietzsche repensa a posição do corpo, fora de qualquer referência à matéria (e também ela não passa de uma interpretação), como comunidade hierarquizada de pulsões. Logo, ele representa um conjunto de *processos* organizados e coordenados – anárquicos no caso de doença e de decadência –, e é essa ideia mesma de *estrutura* pulsional que constitui o ponto fundamental do pensamento nietzschiano do corpo. De forma inesperada, contudo, esse primado da fisiologia transforma-se em primado da psicologia, pois as pulsões não são seres nem órgãos no sentido médico do termo, nem átomos materiais, mas *processos* de interpretação que Nietzsche apresenta analogicamente como pequenas almas: "de fato, nosso corpo é apenas uma estrutura social composta de muitas almas" (*Para além de bem e mal*, § 19). Situação aparentemente paradoxal: a consciência, a razão, a alma veem-se reduzidas a "algo que pertence ao corpo", mas o corpo é descrito metaforicamente a partir da ideia de alma (pluralizada, é verdade). Mais profundamente, o problema capital que o pensamento do corpo coloca é o da comunicação desses processos pulsionais hierarquizados: "O mais surpreendente é na verdade o *corpo*: não nos cansamos de ficar maravilhados com a ideia de que o *corpo* humano se tornou possível; de que essa coletividade inaudita de seres vivos, todos dependentes e subordinados, mas em outro sentido dominantes e dotados de atividade voluntária, possa viver e crescer como um todo e subsistir por algum tempo: e, evidentemente, isso *absolutamente não* se deve à consciência. [...] essa prodigiosa síntese de seres vivos e de intelectos que chamamos 'homem' só pode viver a partir do momento em que foi criado esse sutil sistema de relações e de transmissões, e, então, o entendimento extremamente rápido entre todos esses seres superiores e inferiores – isso graças a intermediários, todos eles vivos; mas esse não é um problema de mecânica, é um problema moral" (*FP XI*, 37 [41]).

*** O corpo é fonte de todas as interpretações que, inversamente, revelam o estado do corpo interpretante. Assim, por exemplo, a filosofia é a transposição espiritualizada dos estados do corpo, o que explica a afirmação de Nietzsche de que um filósofo passa por tantas filosofias quanto passa por estados de saúde (ver o Prefácio à 2ª edição de *A gaia ciência*). Esse vínculo entre corpo e interpretação é que explica a apreciação das doutrinas e sistemas de pensamento, filosóficos ou não, em termos de saúde e doença.

Cultivo/Adestramento
Al.: *Züchtung/Zähmung* – Fr.: *Élevage/Dressage*

* Essas duas noções, tomadas da zoologia, não devem ser confundidas. A função delas é, em primeiro lugar, lembrar fortemente o caráter animal do homem e, portanto, a dimensão anti-idealista do questionamento nietzschiano: o homem é, como todo vivente, um edifício de pulsões hierarquizadas. Cultivo e adestramento designam dois modos de tratamento dessas pulsões e, portanto, ganham sentido com relação à teoria que as estuda, a psicologia.

** Particularmente importante para a análise da moral, o adestramento (*Zähmung*) designa um tipo de manipulação das pulsões visando enfraquecê-las, erradicá-las até. Logo, o termo é sinônimo de domesticação ou de domação, segundo as outras imagens zoológicas frequentemente utilizadas por Nietzsche. Adestrar, domar é uma operação que se aplica a um animal perigoso, a uma fera, e consiste em torná-lo controlável, inofensivo: foi o que o cristianismo fez, por exemplo, com os representantes das aristocracias guerreiras evocadas pela primeira dissertação da *Genealogia da moral*. Ora, aos olhos de Nietzsche, a técnica que permite tornar inofensivo consistiu em enfraquecer, ou ainda, em tornar doente, aspecto no qual insiste particularmente o *Crepúsculo dos ídolos*, associando as pulsões fortes à má consciência (ver também a análise do sacerdote asceta na *Genealogia da moral*. É o que também descreve o final do § 62 de *Para além de bem e mal*). O tipo de cultura assim produzida corresponde ao que Nietzsche chama *Civilisation*, em oposição a *Cultur*, em sentido estrito, a cultura de alto valor.

*** Cultivar, em contrapartida, não tem nada a ver com essas técnicas de erradicação da potência: significa para Nietzsche favorecer o surgimento e a conservação de um tipo específico de homem, com características pulsionais precisas, melhor dizendo, lutar contra as variações grandes demais de um indivíduo para outro. Esse trabalho pode ser realizado simultaneamente em várias direções numa mesma cultura, como mostra o exemplo índio para Nietzsche. Portanto, a *Züchtung* corresponde de certo modo a um processo de educação, com a ressalva de que na educação é o corpo que cumpre educar e não simplesmente o espírito, como fazem os estabelecimentos de ensino, que Nietzsche não poupa em suas críticas. O objetivo do filósofo legislador é, a esse respeito, favorecer o surgimento de um tipo superior (donde talvez sairá, por sua vez, o além-do-homem). Ou seja, esse filósofo que virá, "o homem com a mais vasta responsabilidade, detentor da consciência preocupada com o desenvolvimento do homem como um todo" (*Para além de bem e mal*, § 61), deverá efetivamente operar uma *Züchtung* sobre a humanidade. Nesse sentido é que as doutrinas filosóficas, morais, religiosas e políticas serão "martelo", instrumentos que permitam dar forma a tipos de homens.

Cultura

Al.: *Cultur*[1] – Fr.: *Culture*

* Deve-se distinguir a cultura (*Cultur*) da civilização (*Civilisation*) e lembrar que, em sentido amplo, o conceito nietzschiano de cultura corresponde ao que o uso francês designaria antes pelo termo "civilisation". A cultura não visa à formação intelectual nem ao saber, mas engloba o campo constituído pelo conjunto das atividades humanas e de suas produções: moral, religião, arte, filosofia também, estrutura política e social etc. Abarca, portanto, a série das interpretações que caracterizam uma determinada comunidade humana, num estágio preciso de sua história.

** Nos primeiros anos de sua reflexão, Nietzsche se debruça particularmente sobre o problema da unidade e da harmonia dessas interpretações: "A cultura é, sobretudo, a unidade de estilo artístico que atravessa todas as manifestações da vida de um povo. Mas o fato de saber muito e de ter aprendido muito não é nem um instrumento necessário nem um sinal de cultura e, se necessário, combina perfeitamente com seu contrário, a barbárie, ou seja, com a ausência de estilo ou com a mistura caótica de todos os estilos" (*Considerações extemporâneas I*, "David Strauss: o confessor e o escritor", § 1, trad. modificada). Por meio dessa pesquisa sobre a unidade, o que é visado já é a questão da estrutura pulsional que caracteriza o tipo de homem criado por essa comunidade, em suma, a questão da disciplina dos instintos – a produção das interpretações é, portanto, pensada como resultado de uma educação operada sobre as pulsões: "O problema de uma *cultura* é raramente apreendido corretamente. Seu objetivo não é a maior felicidade possível de um povo e tampouco o livre desenvolvimento de *todos* os seus talentos; ela se mostra antes na justa *proporção* observada no desenvolvimento desses talentos. [...] A *cultura* de um povo se manifesta na *disciplina homogênea imposta a seus instintos*" (FP das *Considerações extemporâneas I e II*, 19[41], trad. modificada).

*** Nos anos seguintes, Nietzsche não cessa de precisar o sentido que dá a esse problema da cultura, para defini-lo de forma cada vez mais explícita como o problema dos valores: propõe-se estudar as interpretações que se tornam possíveis por determinada série de valores e averiguar o valor desses valores. O desdobramento derradeiro desse estudo é a reflexão sobre a possibilidade de reformar uma cultura – por exemplo, a da Europa contemporânea – no sentido de um incremento de valor, ou ainda, no sentido de um desenvolvimento mais intenso do tipo de homem que ela tende a produzir preponderantemente. É o problema da inversão de valores tal como proposto por Nietzsche. Nota-se, pois, que a reflexão sobre o niilismo, como forma declinante de civilização, ocupa o centro da problemática nietzschiana da cultura. Por isso também Nietzsche define, desde a sua entrada na cena filosófica, o filósofo como "médico da cultura". O problema da cultura sintetiza e articula, portanto, as duas linhas de reflexão que são a questão genealógica e a questão do cultivo (*Züchtung*).

O sentido estrito do termo acusa seu alcance axiológico: a cultura designa então um sistema axiológico e interpretativo de alto valor, como é o caso da cultura da Grécia trágica ou da cultura do Renascimento italiano.

1. Conservamos a grafia privilegiada por Nietzsche que, a partir de *Humano, demasiado humano*, ortografa sistematicamente esse termo com um C inicial e não com um K.

Dionisíaco

Al.: *Dionysisch* – Fr.: *Dionysiaque*

* Assim como o apolíneo, o dionisíaco é uma noção que aparece desde o comecinho da primeira obra de Nietzsche, *O nascimento da tragédia*. Pulsão da natureza, ela também é a fonte das artes não plásticas e, sobretudo, da música.

** Da mesma forma, Nietzsche caracteriza o dionisíaco a partir de um modelo fisiológico, o da embriaguez, particularmente a embriaguez sexual, orgiástica. Três elementos devem ser destacados na primeira apresentação desse fenômeno: se Apolo é o deus do princípio de individuação, da delimitação bem definida, Dioniso representa, por oposição, a ruptura das fronteiras, notadamente a ruptura da individuação, a abolição da personalidade. A pulsão dionisíaca trabalha no sentido de reconstituir uma espécie de unidade originária da natureza, anterior à diferenciação em indivíduos separados: "Sob a magia de Dioniso, renova-se não só o laço entre os homens, mas também a natureza alienada – hostil ou subjugada – celebra de novo sua reconciliação com seu filho perdido, o homem. Espontaneamente, a terra oferece seus dons, e as feras das rochas e dos desertos se aproximam pacificamente. O carro de Dioniso cobre-se de flores e de guirlandas; a ele atrelam a pantera e o tigre" (§ 1). A pulsão dionisíaca se caracteriza ainda por um misto de horror e êxtase devido à perda da humanidade do indivíduo e sua reconciliação simultânea com a totalidade. Enfim, percorrido por essa pulsão, o próprio homem se torna obra de arte, ritmo, expressão simbólica da essência da natureza: pois o dionisíaco tem a peculiaridade de criar linguagens simbólicas (música, canto, dança), e não imagens idealizadas.

A tragédia ática é produto da reconciliação de ambas as pulsões da natureza: com efeito, surgiu do coro, que originalmente representa o grupo dos sátiros celebrando o culto de Dioniso; mas Nietzsche a pensa como a interpretação apolínea do fenômeno dionisíaco, "como a manifestação e a transposição em imagens dos estados dionisíacos, como a simbolização visível da música, como o mundo de sonho que a embriaguez dionisíaca suscita" (*O nascimento da tragédia*, § 14).

*** A noção do dionisíaco não se limita em Nietzsche ao campo artístico. Exprime fundamentalmente uma certa compreensão do devir, pensado como potência irresistível de metamorfose. Assim, Nietzsche pode qualificar a própria estrutura da realidade, de tal modo que venha a se identificar com as noções de vontade de poder e de aparência. É o que mostra, por exemplo, um texto póstumo importante: "E os senhores sabem o que é 'o mundo' para mim? Querem que lhes mostre no meu espelho? Esse mundo: um monstro de força, sem começo nem fim; uma soma fixa de força, dura como o bronze, que nem aumenta nem diminui, que não se desgasta, mas se transforma, [e] cuja totalidade é uma grandeza invariável, uma economia em que não há nem gastos nem perdas, tampouco, porém, crescimento ou lucro; [...] uma força presente em toda parte, uno e múltiplo como um jogo de forças e de ondas de força, acumulando-se em um ponto, diminuindo-se em outro; um mar de forças em tempestade e fluxo perpétuo, eternamente mudando, eternamente refluindo, com gigantescos anos de retorno regular, um fluxo e um refluxo de suas formas, das mais simples às mais complexas, das mais calmas, das mais fixas, das mais frias às mais ardentes, às mais violentas, às mais contraditórias, para em seguida voltar da multiplicidade à simplicidade, do jogo dos contrastes à necessidade de harmonia, afirmando seu ser também nessa regularidade dos ciclos e dos anos, glorificando-se na santidade do que deve eternamente voltar, como um devir que não conhece nem saciedade, nem desgosto, nem lassidão: – eis meu universo *dionisíaco* que se cria e se destrói eternamente, esse mundo misterioso das volúpias duplas, eis meu além do bem e do mal, sem finalidade, a menos que a felicidade de ter realizado o ciclo seja uma finalidade, sem querer, a menos que um anel tenha a boa vontade de girar eternamente sobre si mesmo – querem um nome para esse universo? Uma *solução* para todos os seus enigmas? Uma luz até mesmo para os senhores, os mais tenebrosos, os mais secretos, os mais fortes, os mais intrépidos de todos os espíritos? – *Esse mundo é o mundo da vontade de poder* – *e nenhum outro!* E os senhores mesmos também são essa vontade de poder – e nada mais!" (*FP XI*, 38 [12]).

Oposto à moral e às interpretações idealistas, "contravalorização da vida, puramente artística, *anticristã*" (*O nascimento da tragédia*, "Tentativa de autocrítica", § 5), o dionisíaco é por isso mesmo o lugar da superação de todos os dualismos e de todas as separações. Exprime assim a solidariedade da criação e da destruição, do sofrimento e do prazer; e, sobretudo, ele une indissoluvelmente os motivos do assentimento e da totalidade: "um sim extasiado dito ao caráter total da vida, sempre igual a si mesmo no meio do que muda, igualmente poderoso, igualmente ditoso: a grande simpatia panteísta na alegria e na dor, que aprova e santifica até as mais terríveis e as mais problemáticas propriedades da vida, partindo de uma eterna vontade de procriação, de fecundidade, de eternidade: sentimento unitário da necessidade de criar e de destruir..." (*FP XIV*, 14 [14]). Longe de ser uma negação do devir, é só o dionisíaco que permite a Nietzsche pensá-lo adequadamente como superabundância de força que celebra, até a destruição, "a vida eterna, o eterno retorno da vida – a promessa de futuro consagrada no passado; um sim triunfante à vida, para além da morte e da mudança" (*Crepúsculo dos ídolos*, "O que devo aos antigos", § 4).

Espiritualização
Al.: *Vergeistigung* – Fr.: *Spiritualisation*

* Nietzsche se propõe arrancar a noção de espírito (*Geist*) das compreensões idealistas, metafísicas ou especulativas: o espírito não é uma substância, não é a razão, nem uma faculdade suprassensível; ele designa uma série de características próprias ao modo como a vontade de poder realiza seu jogo interpretativo: inteligência ardilosa, bastante próxima do que os gregos denominavam *mêtis*, "faculdade de invenção e de dissimulação" (*Para além de bem e mal*, § 44). A espiritualização, termo próprio do léxico psicológico de Nietzsche, que de forma nenhuma designa uma negação do sensível ou uma elevação ao suprassensível, faz referência a um modo específico de tratamento das pulsões: deve ser contraposta, por um lado, à manifestação bruta, imediata, tirânica da pulsão; por outro, à vontade de erradicar ou sufocar as pulsões que caracteriza o ascetismo.

** A espiritualização constitui para uma pulsão o que Nietzsche chama seu "casamento com o espírito", no sentido desse termo que acabamos de evocar. Representa, pois, uma obtenção deslocada da meta da pulsão, a invenção de vias desviadas, engenhosas, que lhe permitam satisfazer-se de um modo mais sutil.

*** A vontade de conhecimento aparece, assim, como uma forma espiritualizada da crueldade, por oposição a suas formas brutas, as da violência física: continua, no entanto, sendo um exercício da crueldade por ser vontade impiedosa de reduzir o desconhecido ao dominado, ao já conhecido. Da mesma forma, a filosofia nada mais é que a forma mais espiritualizada da vontade de poder (ver, por exemplo, *Para além de bem e mal*, § 9).

Espírito livre
Al.: *Freier Geist* – Fr.: *Esprit libre*

* "Chama-se espírito livre aquele que pensa diferentemente do que se espera dele em razão de sua origem, de seu meio, de seu estado e de sua função, ou em razão das opiniões reinantes em seu tempo. Ele é a exceção, os espíritos subjugados são a regra", declara Nietzsche em *Humano, demasiado humano* (I, § 225). A liberdade de espírito constitui a primeira grande determinação do conceito de filósofo tal como Nietzsche o pensa. Traduz seu caráter "extemporâneo" e sua coragem: sua capacidade de enfrentar o desconhecido num questionamento autêntico e radical.

** A relação com a crença é que constitui o cerne da noção de espírito livre. O espírito subjugado se caracteriza por sua necessidade de certeza, de fixidez e de estabilidade. A liberdade de espírito, ao contrário, define-se pela independência (ver, por exemplo, *Aurora*, § 242) e designa a capacidade de se livrar da autoridade dos valores em vigor (a começar pela verdade ou, ainda, o que Nietzsche chama as "ideias modernas": a supervalorização da compaixão e a condenação da hierarquia) e de interrogá-los – logo, a capacidade de viver com valores diferentes, inversos até. Por isso é que o espírito livre é frequentemente representado pelas imagens do aventureiro ou do explorador: "Quando um homem chega à convicção fundamental de que precisa ser mandado, ele se torna 'crente'; inversamente, seria possível pensar um prazer e uma força da autodeterminação, uma *liberdade* da vontade, mediante as quais um espírito dispensaria toda crença e todo desejo de certeza, porque ele está treinado a se manter sobre cordas e possibilidades bambas e a dançar até na beira dos abismos. Tal espírito seria o *espírito livre por excelência*" (*A gaia ciência*, § 347). É à mesma noção que remetem também as fórmulas de "sem pátria" ou de "bom europeu": esta última designação pode ser enganosa, hoje ainda mais que na época de Nietzsche: ela não visa a um novo pertencimento, mas à libertação com relação aos pertencimentos – "O supranacional, o bom europeu" (*FP X*, 26 [297]) também é definido como "vagabundo, apátrida, viandante – que desaprendeu a amar seu povo, porque ama vários povos" (*FP XI*, 31 [10]). A fórmula tem o mérito de exprimir bem, num tempo em que se reforçam os antagonismos nacionais que Nietzsche sempre criticou, o desapego necessário das "pátrias", seja qual for a natureza delas, como condição fundamental da cultura no seu sentido mais elevado.

*** O espírito livre é apenas o primeiro momento do conceito de filósofo em Nietzsche, e deve ser completado pela caracterização deste como legislador, ou seja, criador de valores.

Eterno retorno
Al.: *Ewige Wiederkehr* – Fr.: *Éternel retour*

* O eterno retorno, sem dúvida nenhuma o pensamento mais difícil do universo nietzschiano de reflexão, é quase sempre qualificado por Nietzsche de "doutrina", isto é, designado como objeto de um ensino, o de Zaratustra. Nietzsche o apresenta como a forma de afirmação mais alta que se possa conceber.

** A primeira dificuldade decorre da multiplicidade dos modos de apresentação desse pensamento, já que Nietzsche o introduz ora na forma de um raciocínio de aspecto científico (ao modo de uma doutrina cosmológica), ora na forma de experiência, pessoal ou proposta ao leitor. A primeira formulação, representada principalmente nos textos póstumos da época de *A gaia ciência*, contesta a hipótese de um estado final do universo baseando-se na infinidade do tempo e no caráter finito da quantidade das forças, de sorte que todos os estados da realidade devem se repetir, "tanto daquele que o engendrou como daquele que vai nascer e assim por diante para a frente e para trás! Tudo esteve aqui inúmeras vezes no sentido de que a situação de conjunto de todas as forças sempre retorna" (*FP* de *A gaia ciência*, 11 [202]). Em contraposição, o aforismo 341 de *A gaia ciência* constitui um bom exemplo do segundo modo de apresentação, como estabelecimento de uma experiência que desemboca numa pergunta: ele interroga o leitor sobre qual seria sua reação diante da revelação do fato de que sua vida irá se repetir eternamente de modo idêntico. Trata-se, portanto, de estudar os efeitos sobre aquele que é submetido a uma escolha, e o texto imagina duas atitudes possíveis: o desespero por um lado, a embriaguez e o entusiasmo por outro.

*** O problema fundamental concerne ao modo como esse pensamento se liga ao conjunto da reflexão nietzschiana, da qual talvez represente a realização e o termo. Em primeiro lugar, uma leitura *estritamente* cosmológica topa com dificuldades consideráveis e não parece muito admissível. Pois o gesto fundamental do questionamento nietzschiano consiste em substituir o problema da verdade pelo problema do valor. Se entendermos por doutrina cosmológica uma teoria epistemológica que visa a estabelecer o que é a estrutura do universo, ou seja, uma teoria diretamente resultante da problemática da verdade, essa leitura suporia, portanto, em Nietzsche, um abandono radical de suas posições fundamentais, o que nada comprova. Cabe então indagar-se sobre o *status* desses textos de *aparência* "científica" e sua eventual função estratégica. A segunda apresentação se oferece melhor à leitura: com efeito, por meio dela é possível situar o pensamento do eterno retorno com relação à estrutura interna da postura nietzschiana, indicando que é a referência ao conceito de *Züchtung* (a teoria dos efeitos seletivos induzidos no homem pela modificação do sistema de valores) e, com ele, ao conjunto do projeto de inversão dos valores que dá seu sentido ao eterno retorno, aliás, qualificado por Nietzsche de *züchtender Gedanke*, "pensamento que cultiva" (*FP* X, 25 [227], trad. modificada), pensamento que provocará necessariamente uma *Züchtung*. Logo, cumpre abordá-lo na perspectiva da reflexão sobre o filósofo-legislador e sobre o problema da criação do tipo superior ou do tipo além-do-homem.

Caso se considere o conteúdo doutrinal, esse pensamento representa uma radicalização do niilismo: pensamento profundamente desesperador, elimina qualquer possibilidade de refúgio em um mais-além suprassensível – não há contraofensiva possível à repetição eterna e idêntica de nossa vida. Exprime assim o desmoronamento definitivo dos além-mundos transcendentes e afirma que só existe nosso aqui embaixo, a "terra" para utilizar a terminologia de Zaratustra, mas acrescentando um elemento que dá todo o seu poder ao pensamento: a morte tampouco é um termo e não traz uma libertação. Essa doutrina deve então ocupar o lugar das crenças fundamentais que dão origem aos valores atualmente dominantes, os valores niilistas, por exemplo, da doutrina cristã da redenção.

Donde o seguinte dilema: como suportar a perspectiva de sofrer de novo, e até uma infinidade de vezes, uma vida que negamos e condenamos, que é o caso do niilismo da fraqueza? Trata-se de saber quais serão os efeitos dessa doutrina sobre a humanidade tal como existe hoje, presa na espiral do niilismo. Ela provocará uma crise e, por isso, uma divisão entre aqueles que aceitarão essa perspectiva com fervor e reconhecimento e aqueles para quem ela será esmagadora, insuportável. O pensamento do eterno retorno apresenta-se, pois, antes de mais nada como uma *prova* ou como um *teste*: quem é forte o suficiente para assimilar, incorporar o pensamento do eterno retorno, fazer dele um valor? Por isso, um aforismo de *A gaia ciência* designa-o como "o peso mais pesado": "quanto precisarias amar-te a ti e à vida para já não *aspirar* a nada senão a dar essa aprovação e apor esse selo último e eterno?".

Logo, não se trata de afirmar epistemologicamente que tudo volta, mas, antes, querer que tudo volte. Resta que é preciso suscitar uma efetiva adesão a essa doutrina, fazer dela uma crença reguladora, um valor. Talvez seja justamente essa a função estratégica de sua apresentação "cosmológica" – uma função persuasiva por estar sustentada pelo prestígio e pela autoridade da ciência; é essa, ao menos, a hipótese que propomos.

Ainda assim, a doutrina do eterno retorno representa de fato a forma suprema do assentimento: ela não se contenta com um sim "teórico", ela quer o sim na prática e o traduz concretamente numa vontade de reviver o que já foi vivido – um sim-valor que constituirá o novo centro de gravidade da existência, substituindo as doutrinas da negação e da calúnia da vida pelo grande pensamento da afirmação.

Filologia

Al.: *Philologie* – Fr.: *Philologie*

* A filologia é uma das metáforas mais constantes da escrita nietzschiana. No sentido primeiro, designa o que a tradição francesa denomina, no campo universitário, por Letras Clássicas, o estudo das línguas e das literaturas gregas e latinas, e remete particularmente ao trabalho de decifração e de tradução. Nietzsche transpõe essa noção fazendo-a significar a arte de bem ler: "A filologia, numa época em que se lê demais, é a arte de aprender e de ensinar a ler. Somente o filólogo lê lentamente e medita uma meia hora sobre seis linhas. Seu mérito não está no resultado obtido, mas nesse seu hábito" (*FP* de *Humano, demasiado humano I*, 19 [1]). Metaforicamente falando, todo evento, todo processo pode ser tratado como texto a ser decifrado: assim, a medicina é filologia aplicada ao texto do corpo e a filosofia irá se propor ler o texto da realidade.

** Leitura respeitosa da letra do texto, a filologia se caracteriza por uma disciplina intelectual rigorosa, em oposição à leitura logo de partida deformadora que aborda o texto com uma grade de decifração preconcebida. Nesse sentido é que Nietzsche opõe a leitura à interpretação: "Deve-se entender aqui por filologia, num sentido muito geral, a arte de ler bem – de saber decifrar fatos sem falseá-los por sua interpretação, sem, por exigência de entender a qualquer preço, perder toda prudência, toda paciência e toda fineza. A filologia concebida como *ephexis* na interpretação: quer se trate de livros, de notícias de jornais, de destinos ou do tempo que está fazendo – para não falar da 'salvação da alma'..." (*O anticristo*, § 52). Esse antagonismo entre leitura e interpretação é difícil de compreender, já que pela teoria da vontade de poder tudo é interpretação. Mas esta pode ser mais ou menos rigorosa, e essa arte de ler bem, que não é a arte de encontrar a leitura correta (todo texto admite uma infinidade de interpretações), supõe antes de mais nada a capacidade de suspender as próprias convicções para se pôr a serviço de um texto, ao passo que a interpretação, no sentido pejorativo que Nietzsche lhe dá nesse contexto, sobreimpõe uma tradução já pronta ao texto a ser decifrado em vez de construir uma leitura a partir dele. A filologia supõe uma educação pulsional que Nietzsche caracteriza pela lentidão, paciência e prudência: "Nunca escrever nada que não leve ao desespero todo tipo de homens 'apressados'. A filologia é efetivamente essa venerável arte que exige de seu admirador, sobretudo, uma coisa: pôr-se de lado, tomar seu tempo, ficar quieto, ficar lento – como uma arte, um conhecimento de ourives aplicado à *palavra*, uma arte que só tem para executar um trabalho delicado e cauteloso e que a nada chega se não chegar *lento*. É precisamente por isso que ela hoje é mais necessária que nunca, por essa razão é que nos atrai e encanta mais fortemente em plena era do 'trabalho', ou seja, de pressa, de precipitação indecente e suada, que quer que tudo esteja imediatamente 'feito e terminado', inclusive os livros antigos e modernos: ela, por sua vez, não faz e termina tão facilmente seja lá o que for, ela ensina a ler *bem*, isto é, lentamente, profundamente, olhando prudentemente adiante e atrás de si, com segundos pensamentos, com portas abertas, com dedos e olhos sutis... Ó meus amigos pacientes, este livro só deseja leitores e filólogos perfeitos: *aprendam* a me ler bem!" (*Aurora*, Prólogo, § 5).

*** A falta de filologia (*Mangel an Philologie* – ver FP XIV, 15 [82] e 15 [90]) é, portanto, uma das críticas que Nietzsche mais frequentemente endereça aos filósofos. Trata-se do erro metodológico (identificado, do ponto de vista psicológico, com uma falta de probidade) que consiste em introduzir no texto a ser decifrado elementos que dele não constam, interpretações acrescentadas a partir das quais a decifração é feita – verdadeira vontade de não ler. Assim, segundo o aforismo 14 de *Para além de bem e mal*, a teoria física sobreimpõe, por exemplo, ao texto dos fenômenos naturais a ideia de lei que neles não se encontra. Genealogicamente falando, essa distorção filológica está relacionada com uma pulsão igualitarista, hostil a qualquer ideia de hierarquia. Sob esse aspecto, Nietzsche apresenta a tarefa do filósofo como a localização e retificação dos contrassensos e de maneira geral das leituras desonestas ou desviantes.

Filósofo

Al.: *Philosoph* – Fr.: *Philosophe*

* Pode parecer paradoxal que Nietzsche, que critica tão radicalmente a atividade filosófica, conserve, contudo, a noção de filósofo. A compreensão dela, no entanto, renovou-se profundamente. A crítica incide sobre a compreensão do filósofo que prevaleceu na tradição, figura superficial por jamais ter conseguido elevar-se até a problemática dos valores e que, portanto, permaneceu cativa dos valores propostos por outros sistemas axiológicos, notadamente morais e religiosos: "Nos seus primórdios, aconteceu com a filosofia o mesmo que acontece com todas as coisas boas – durante muito tempo, elas não tiveram a coragem de se assumir" (*Para a genealogia da moral* III, § 9). Isso explica por que, aos olhos de Nietzsche, com exceção talvez de alguns pré-socráticos, o filósofo, em sentido estrito, ainda não tenha existido de fato e que ele tenha sido sempre o defensor inconsciente dos ideais ascéticos: como afirma em *O anticristo*, "em quase todos os povos, o filósofo constitui apenas o aperfeiçoamento do tipo sacerdotal" (§ 12). Essa situação é que tem que ser ultrapassada, para que advenha a figura autêntica do filósofo, compreensivelmente qualificado então por Nietzsche com frequência de filósofo "por vir".

** Caracterizado pelo espírito livre – isso que Nietzsche chama no seu grau mais elevado "independência" –, o filósofo tem como determinações pulsionais (como "virtudes" em linguagem moral) a coragem e a probidade que o tornam apto a interrogar os valores e, em particular, a evitar qualquer interpretação idealista, moralizante, da realidade: "Pela longa experiência que extraí dessa errância pelos gelos e pelos desertos, aprendi a considerar de outro modo todos aqueles que até agora filosofaram – a história *oculta* da filosofia, a psicologia de seus grandes nomes apareceu para mim de maneira totalmente clara. Que dose de verdade um espírito consegue *suportar*, que dose de verdade ele pode arriscar? Eis qual se tornou para mim o verdadeiro critério dos valores. O erro é uma *covardia*... Toda aquisição de conhecimento é *consequên-*

cia da coragem, da dureza para consigo mesmo, da probidade em relação a si mesmo..." (*FP XIV*, 16 [32]). Na estrita perspectiva da criação, o filósofo é definido como produto de uma disciplina pulsional imposta sobre várias gerações (ver *Para além de bem e mal*, § 213).

*** Oposto aos "operários da filosofia", aos quais Nietzsche atribui a tarefa de descrever os sistemas de valores sob cuja autoridade viveram as comunidades humanas, ao verdadeiro filósofo é confiada, em contraposição, uma tarefa totalmente diferente, qual seja, a criação de valores: nesse sentido é que o filósofo é antes de mais nada para Nietzsche legislador: "*Mas os verdadeiros filósofos são homens que comandam e que legislam*: eles dizem 'assim *será*!', eles predeterminam o para onde? e o para quê? do homem e dispõem para tanto do trabalho preparatório de todos os operários filosóficos, de todos aqueles que se tornaram senhores do passado – estendem uma mão criativa para se apossar do futuro, e tudo o que é e foi torna--se, desse modo, para eles, meio, instrumento, martelo. O 'conhecer' deles é um *criar*, o criar deles é um legislar, sua vontade de verdade é – *vontade de poder*" (*Para além de bem e mal*, § 211). A problemática da inversão de valores decorre diretamente dessa concepção renovada da tarefa filosófica, fundamentalmente prática e não especulativa como se pode notar. A consequência disso é a constituição do que Nietzsche chama a "filosofia de Dioniso": o estudo das modalidades da criação dos diferentes tipos humanos, "reflexão que reconhece na criação e na transformação do homem assim como das coisas o prazer supremo da existência e na 'moral' somente um meio de dar à vontade dominadora uma força e uma flexibilidade capazes de se impor à humanidade" (*FP XI*, 34 [176]).

Força

Al.: *Kraft* – Fr.: *Force*

* Nunca é demais insistir no fato de que a força é, para Nietzsche, sobretudo, uma metáfora; esse termo não visa ao conceito científico de força, que, como Nietzsche indica explicitamente, deve ser reformado: a noção de força vigente na teoria física (particularmente na mecânica newtoniana e seus prolongamentos), processo cego e mecânico, desconsidera o caráter interpretativo da realidade: "Esse vitorioso conceito de 'força', graças ao qual nossos físicos criaram Deus e o mundo, ainda necessita de um complemento: é preciso atribuir-lhe uma dimensão interior (*eine innere Welt*[1]) que chamarei 'vontade de poder', isto é, apetite insaciável de demonstração de poder; ou de uso e de exercício de poder, na forma de pulsão criativa etc." (*FP XI*, 36 [31], trad. modificada).

** Reduzida a uma expressão particularizada da vontade de poder, a força é, portanto, assimilada ao instinto ou à pulsão: "Um *quantum* de força é um *quantum* idêntico de pulsão, de vontade, de produção de efeitos – mais ainda, não é absolutamente outra coisa senão, justamente, esse impulsionar, esse querer, esse próprio produzir efeitos e, se parece outra coisa, é somente pela sedução enganadora da linguagem (e dos erros fundamentais da razão que nela estão petrificados), que entende, e mal-entende, que toda produção de efeitos está condicionada por uma coisa que exerce efeitos, por um 'sujeito'" (*Para a genealogia da moral*, 1, § 13. Ver também *FP XIV*, 14 [121]: "Que toda força motriz é vontade de poder, que fora ela não existe nenhuma força física, dinâmica ou psíquica"). Portanto, deve-se evitar absolutizar essa noção como tendem a fazer alguns comentários que buscam nela um princípio de explicação autônomo ou até a designação de uma entidade em si.

*** Em última análise, é com o problema da comunicação pulsional e, portanto, com a psicologia do comando que está relacionada a ideia de força: "A única força que existe é de mesma natureza que a da vontade: uma ordem dada a outros sujeitos e segundo a qual eles se transformam" (*FP XI*, 40 [42]). Logo, a força designa não a violência, mas a organização bem regrada de um sistema pulsional, caracterizada pela colaboração eficaz do conjunto de seus instintos, que lhes permite construir uma interpretação unificada – e não interpretações discordantes – da realidade.

1. Literalmente, "um mundo interior".

Genealogia

Al.: *Genealogie* – Fr.: *Généalogie*

* O termo "genealogia" é tardio nos textos nietzschianos: só aparece em 1887, com o título *Zur Genealogie der Moral*. Para designar o novo modo de investigação que ele vai progressivamente utilizando, Nietzsche jogou primeiro com várias imagens: a da química em *Humano, demasiado humano* (imagem que Darwin já utilizava), mas, sobretudo, com a de "história natural" (*Naturgeschichte*: ver *Para além de bem e mal*, seção V em particular). No entanto, somente o termo "genealogia" consegue efetivamente exprimir sinteticamente as determinações do modo de pensamento que Nietzsche define.

** A genealogia se opõe, para começar, à tradicional busca da essência e, de modo geral, desqualifica qualquer ideia de um dado sem origens. Representa a metodologia de questionamento própria de uma filosofia da interpretação e traduz a substituição da problemática da verdade pela problemática do valor. Caracteriza-se por uma dupla direção: a genealogia é, primeiramente, investigação regressiva que visa a identificar as fontes produtoras de um valor ou de uma interpretação (moral, religiosa, filosófica ou outra), as pulsões que lhe deram origem; é, em seguida, investigação sobre o valor dos valores assim detectados – o primeiro momento não é o objetivo da investigação, é a condição que torna possível o segundo. É o que o prefácio da *Genealogia da moral* indica: "Enunciemos essa *nova exigência*: necessitamos de uma *crítica* dos valores morais, é preciso *questionar alguma vez o próprio valor desses valores* – e, para isso, é preciso ter conhecimento das condições e das circunstâncias em que eles brotaram, por meio das quais se desenvolveram e deslocaram (a moral como consequência, como sintoma, como máscara, como tartufaria, como doença, como mal-entendido; mas também a moral como causa, como remédio, como estimulante, como inibição, como veneno), um conhecimento como até hoje não existiu e que nem mesmo se desejou" (§ 6).

*** Aplicada à investigação sobre as morais, por meio da genealogia será possível identificar, notadamente, duas esferas de origem diferentes, de valor diferente. O par axiológico bom/ruim, característico do primeiro tipo de moral, teria aparecido em castas dominantes, em particular em aristocracias militares, como uma forma de autoglorificação: o termo "bom" designava, então, o pertencimento a um nível social superior, a preeminência militar e política (originariamente, portanto, ele é o equivalente semântico das fórmulas "os poderosos, os amos, os senhores da guerra"), ou então econômico ("os ricos, os proprietários"), bem como uma preeminência espiritual, também reivindicada com orgulho. O segundo par, bom/mau, refere-se, em contraposição, ao ressentimento e a uma surda vontade de vingança dos oprimidos em relação aos "bons" da primeira moral. O gênio do ressentimento consiste aqui em inverter os valores expressos pelo primeiro par, em transformar o "bom" em "mau" e em glorificar o "ruim" da primeira moral, fazendo dele um "bom" repensado. Com base na identificação dessas pulsões fundamentais, o *páthos* da distância em um caso, o ressentimento no outro, é que Nietzsche adquire condições de diagnosticar o valor da primeira moral e o caráter nocivo da moral ascética, oriunda da segunda esfera.

Instinto/Pulsão

Al.: *Instinkt/Trieb* – Fr.: *Instinct/Pulsion*

* Oposto à razão e à consciência, mas também ao ser e a todas as figuras da fixidez, o instinto deve ser entendido antes de mais nada como um *processo* – e não uma instância que possui alguma forma de estabilidade, seja ela qual for. Sua segunda determinação é sua condição inconsciente. Todo instinto exprime uma regulação orgânica caracterizada por seu poder coercitivo, tirânico – sobre esse aspecto é que o termo pulsão, *Trieb*, permite insistir, pois evoca a pressão.

** Os instintos estão estreitamente ligados às avaliações e exprimem o trabalho de conformação seletiva da realidade ditado pelas preferências fundamentais que estas últimas são:

"Todo 'instinto' é o instinto de 'alguma coisa boa', de um ponto de vista ou de outro: há um juízo de valor nisso e foi apenas por essa razão que ele passou para a vida do corpo./ Todo instinto foi como uma *condição de existência* válida por certo tempo. Transmite-se por muito tempo, mesmo depois de ter deixado de ser" (*FP* X, 26 [72]. Ver também *FP* X, 25 [460]). Mais precisamente, instintos e pulsões são produtos da incorporação dos valores: "Falo de instinto quando um juízo qualquer (o gosto em seu primeiro estágio) é incorporado, de sorte que dali em diante ele se dará espontaneamente, já sem esperar ser provocado por excitações. Certo de seu crescimento próprio, dispõe igualmente do sentido de sua atividade que pressiona para fora" (*FP* de *A gaia ciência*, 11 [164]).

*** Equivalente do afeto, que sublinha sua dimensão passional, o instinto constitui um centro de perspectiva a partir do qual uma interpretação é elaborada – pode, portanto, ser definido como uma expressão particular da vontade de poder: "são nossas necessidades *que interpretam o mundo*: nossos instintos, os prós e os contras deles. Cada instinto é uma certa necessidade de dominação, cada um possui sua perspectiva, que ele gostaria de impor como norma a todos os outros instintos" (*FP* XII, 7 [60]). Nietzsche repensa a psicologia e faz dela o estudo dos instintos e dos afetos. Devido ao *status* destes últimos, define-a também como "morfologia e *doutrina da evolução* da vontade de poder" (*Para além de bem e mal*, § 23), podendo, portanto, ser identificada com a primeira vertente da investigação genealógica. Deve-se evitar absolutizar as noções de instinto ou de pulsão, o que acabaria por reduzi-las à condição de princípios em sentido estrito, noção que eles justamente permitem recusar: a psicologia, para Nietzsche, não é uma monadologia da vontade de poder. Deve-se por fim mencionar a interpretação nietzschiana da má consciência, definida como interiorização dos instintos: processo que sobrevém por ocasião de uma mudança brutal e radical de condições de vida, de uma opressão que proíbe os instintos antigos de realizarem seu trabalho tirânico de conformação da realidade externa segundo o modo que lhes era habitual e os obriga a se exercerem sobre si próprios, no interior do organismo vivente que eles constituem: "Esse *instinto de liberdade* tornado latente pela violência [...], esse instinto de liberdade recalcado, enfurnado, encarcerado na interioridade e que acaba sendo descarregado e desencadeado apenas sobre si mesmo: é isso, nada mais que isso, nos seus primórdios, a *má consciência*" (*Para a genealogia da moral* II, § 17. Lembremos que a fórmula "instinto de liberdade" é, em Nietzsche, uma das imagens que designa a vontade de poder).

Interpretação

Al.: *Auslegung, Interpretation* – Fr.: *Interprétation*

* Exprimindo o repúdio a qualquer absoluto e a qualquer norma objetiva, a interpretação é a noção central da reflexão de Nietzsche: com efeito, é plenamente identificável à noção de vontade de poder. Contudo, deve-se notar que num primeiro momento o termo "interpretação" privilegia a apresentação da vontade de poder do ponto de vista da filologia, como trabalho de transferência, de "tradução" do texto da realidade.

** Não se deve reintroduzir no pensamento da interpretação os esquemas de análise que ele recusa, sobretudo a tendência fetichista de vincular todo processo a um sujeito que conduziria seu desencadeamento. O próprio processo interpretativo é que ocupa o lugar tradicionalmente concedido na filosofia moderna ao sujeito: "Não cabe indagar: '*quem* é, então, que interpreta?', ao contrário, o próprio interpretar, enquanto forma da vontade de poder, tem existência (não como 'ser', porém, mas como *processo, devir*) enquanto afeto" (*FP XII*, 2 [151], trad. modificada). Portanto, a realidade pode ser pensada como um jogo permanente de processos interpretativos rivais imputáveis aos instintos, e toda interpretação pode ser descrita como imposição tirânica de forma articulada ao controle de forças concorrentes e à intensificação do sentimento de poder: "A vontade de poder *interpreta* [...]. Na verdade, *a interpretação é, em si mesma, um meio de se apropriar de alguma coisa. O processo orgânico pressupõe um perpétuo* **interpretar***"*

(*FP XII*, 2 [148]). A própria vida é, pois, pensada como processo interpretativo, caso particular da vontade de poder.

*** A filosofia da interpretação não é de forma nenhuma um relativismo: embora qualquer "texto" admita uma infinidade de interpretações, embora não haja interpretação verdadeira, existem em contrapartida interpretações falsas: certamente nem todas as interpretações e nem todos os pontos de vista se *equivalem*. Uma coisa é recusar a lógica da verdade e reduzi-la a uma interpretação particular; coisa totalmente diferente é proclamar a igualdade de direito de todos os pensamentos, teorias e opiniões e abandoná-los assim ao indiferentismo. Esse é um ponto que nunca é demais sublinhar: o fato de não haver interpretações verdadeiras significa, portanto, em Nietzsche, não que tudo se equivale, mas que é em termos de *valor* que se trata de questionar agora, ou seja, de um modo mais radical do que a busca da verdade possibilitava: esse trabalho de avaliação das interpretações relança verdadeiramente a interrogação filosófica em vez de apagá-la.

Moral

Al.: *Moral* – Fr.: *Morale*

* Como qualquer doutrina religiosa, filosófica ou política, para Nietzsche uma moral é sobretudo uma interpretação apoiada em um sistema preciso de valores, que exprimem as condições de vida de um tipo particular de homem. Portanto, não é um dado, mas o produto de uma elaboração da realidade efetuada pelo corpo e seus processos constitutivos, instintos e afetos: "as morais nada mais são que uma *linguagem semiológica dos afetos*" (*Para além de bem e mal*, § 187). Por isso, as morais são múltiplas e, através da história das culturas humanas, revelam uma extrema diversidade de conteúdo. Contudo, é frequente Nietzsche fazer um uso específico da fórmula "*a moral*" para designar não uma moral absoluta, noção desprovida de pertinência na sua reflexão, mas a moral vigente na cultura europeia contemporânea, sua forma ascética, dualista, de inspiração platônica, prolongada pelo cristianismo.

** O problema que preocupa Nietzsche nesse campo de reflexão é, portanto, o do valor das diversas morais. Assim, a primeira dissertação da *Genealogia da moral* propõe-se, num primeiro momento, pôr em evidência duas origens diferentes dos grandes tipos de moral comprovados pela história das comunidades humanas ("moral dos senhores", "moral de escravos"). Todavia, a colocação em evidência das origens extramorais das morais ("A moral não passa de uma interpretação – ou, mais exatamente, de uma *falsa* interpretação – de certos fenômenos", declara o *Crepúsculo dos ídolos*, "Dos melhoradores da humanidade", § 1) ainda não equivale à crítica delas. Esta última supõe uma interrogação conduzida do ponto de vista do valor, trabalho realizado, por exemplo, na terceira e última dissertação da *Genealogia da moral*: nele, a moral ascética é reduzida a uma forma declinante da vontade de poder, uma forma de decadência que culmina no niilismo, na condenação da realidade e no sentimento generalizado da ausência de valor dos valores. De fato, é nesse processo que, segundo Nietzsche, a cultura europeia está envolvida.

*** Na perspectiva da criação e da inversão dos valores, a moral, como qualquer sistema axiológico, deve ser definida como um instrumento de cultura ou então de educação, que impõe de maneira tirânica uma série de interpretações fundamentais, cuja incorporação acaba produzindo a criação de novas pulsões ou a modificação da importância relativa delas dentro da estrutura hierárquica que o corpo constitui. Assim, no longo prazo, uma moral tende a criar um tipo de homem em detrimento das outras formas possíveis: "As morais autoritárias são o principal meio de modelar o homem ao sabor de um querer criador e profundo, sob condição de que esse querer artista, de altíssima qualidade, tenha em mãos o poder e possa realizar durante longos períodos suas metas criativas, na forma de legislações, religiões e costumes" (*FP XI*, 37 [8]). Nessa perspectiva é que Nietzsche define a moralidade dos costumes, forma primitiva de qualquer moral, reportada a períodos muito antigos e, sobretudo, muito longos da história das comunidades humanas. Originalmente, a moralidade se identifica com o sentimento dos costumes, com a sensibilidade para os costumes característicos de uma cultura: "A moralidade não é outra coisa (e, no fundo, *nada mais*) senão a obediência aos costumes, sejam eles quais forem; ora, os costumes são a forma *tradicional* de agir e de avaliar. Nas situações em que não se impõe nenhuma tradição, não há moralidade" (*Aurora*, § 9. Ver também *Humano, demasiado humano* II, "O viandante e sua sombra", § 212). Do ponto de vista pulsional, o aspecto capital da moralidade dos costumes é uma educação, o adestramento para a obediência, o hábito da longa disciplina – o que o homem melhor aprendeu, precisa amiúde Nietzsche, ressaltando seu incalculável benefício (*Para além de bem e mal*, § 188, por exemplo), mas também aquilo de que hoje é o mais difícil de se livrar, como, no entanto, exige a tarefa do verdadeiro filósofo, que deve ser, sobretudo, espírito livre. É isso o que justifica particularmente a crítica do imperativo categórico kantiano, reinterpretado como uma forma tardia e inconsciente dessa sobrevalorização da necessidade de obediência.

Niilismo

Al.: *Nihilismus* – Fr.: *Nihilisme*

* O niilismo é um termo que ganha sentido relativamente na reflexão axiológica de Nietzsche. Designa a desvalorização dos valores, ou seja, sua perda de autoridade reguladora. É essa desvalorização dos valores postulados como supremos que também está expressa na fórmula "Deus está morto!" (*A gaia ciência*, § 125).

** Deve-se distinguir duas formas de niilismo, que Nietzsche às vezes designa, notadamente em um texto póstumo de 1887, pelo nome de niilismo passivo e de niilismo ativo. O niilismo se caracteriza em ambos os casos por uma defasagem entre o grau de potência das pulsões e os ideais que se exprimem por meio do sistema de valores em vigor: "*Niilismo*: falta a finalidade; falta a resposta para o 'por quê?'; o que significa o niilismo? – *que os valores supremos se desvalorizam*" (*FP XIII*, 9 [35]). O niilismo passivo, "sensação profunda do nada" (*FP XIII*, 11

[228]), exprime o declínio da vontade de poder. Na sua forma extrema, traduz um sentimento de angústia: percebemos que o mundo não corresponde aos esquemas mediante os quais o interpretávamos, que o mundo não vale o que pensávamos que valia, donde o desânimo, a paralisia, a sensação generalizada de "para quê?" e da inutilidade de todos os objetivos que tínhamos propostos para nós mesmos. Trata-se, pois, de um niilismo do declínio, do esgotamento, de uma forma de imersão no pessimismo e no sentimento inibidor da vacuidade de tudo: nada tem valor, nada vale a pena. É o caso das formas europeias modernas de pessimismo (Schopenhauer, Leopardi, o pessimismo dos românticos, ou então Tolstoi, são alguns exemplos): "Niilismo enquanto *declínio e regressão do poder do espírito*: o **niilismo passivo**: enquanto sinal de fraqueza: a força do espírito pode estar de tal forma cansada, *esgotada*, que os objetivos e os valores até então prevalentes tornam-se inapropriados, inadequados e perdem credibilidade" (*FP XIII*, 9 [35]). A problemática da *Züchtung*, do "cultivo", que preside a ideia da inversão dos valores, visa justamente contrapor-se a esse crescimento generalizado do niilismo passivo.

Inversamente, o niilismo ativo é um niilismo criador: caracterizado pela "alegria de espírito" (ver *A gaia ciência*, § 343), consiste, muito pelo contrário, em sentir essa situação de defasagem como um estímulo. O desmoronamento dos valores acarreta então não a angústia, mas a alegria de ter que criar novas interpretações das coisas e, sobretudo, valores novos; a tonalidade fundamental dessa atitude é, portanto, o reconhecimento do caráter insondável e proteiforme da realidade e da vida, que zomba de nossos esforços para fixá-la numa forma fácil de controlar: "Niilismo enquanto sinal *do poder aumentado do espírito*: enquanto **niilismo ativo**. Pode ser um sinal de *força*: a força do espírito pôde aumentar tanto que os objetivos fixados *até então* ('convicções', artigos de fé) já não estão à sua altura" (*FP XIII*, 9 [35]). Por isso é que a morte de Deus, designação figurada do niilismo, a "vermelhidão do poente" evocada na *Tentativa de autocrítica*, representam simultaneamente a promessa de uma nova aurora – de uma nova interpretação da realidade e de uma nova valorização.

*** Não se deve relacionar o niilismo com causas externas: ao contrário, ele é o desenvolvimento de um processo – de um movimento de autossupressão – próprio da instalação de certos valores, cuja particularidade é negar as determinações fundamentais da vida e da realidade. Por isso Nietzsche declara a respeito das grandes religiões niilistas: "podemos chamá--las de niilistas, pois todas elas glorificaram a noção antagonista da vida, o Nada, enquanto finalidade, enquanto 'Deus'" (*FP XIV*, 14 [25]). A sobrevalorização do suprassensível, o privilégio concedido à racionalidade são algumas das fontes essenciais dessa lógica de desenvolvimento dos valores: "A crença nas categorias da razão é a causa do niilismo" (*FP XIII*, 11 [99]; ver também *A gaia ciência*, § 346).

Prazer
Al.: *Lust* – Fr.: *Plaisir*

* O prazer não constitui uma instância autônoma e menos ainda uma causa. Nietzsche o interpreta, ao contrário, como signo, mais precisamente, tradução afetiva de uma variação do sentimento de seu próprio poder: "O prazer como o *aumento* que se sente do sentimento de poder" (*FP X*, 27 [25]); "Prazer e desprazer são os mais antigos sintomas de todos os juízos de valor: mas *não* as causas dos *juízos de valor!*" (*FP XII*, 1 [97]).

** O ponto fundamental da análise do prazer está na recusa de pensá-lo de modo dualista: prazer e desprazer, ou sofrimento, não são opostos. A percepção de um sentimento de prazer supõe a vitória sobre resistências, obstáculos – experimentados afetivamente como sofrimentos. Portanto, há para Nietzsche uma solidariedade fundamental entre prazer e desprazer: "Que é um prazer senão uma excitação do sentimento de poder por uma inibição (excitação ainda mais forte por inibições e excitações periódicas) – a ponto de que, desse modo, ele aumenta. Por conseguinte, em todo prazer há dor" (*FP XI*, 35 [15]).

*** A consequência disso, capital para o questionamento nietzschiano, é a inanidade das doutrinas, filosóficas ou não, que visam a eliminação do sofrimento, dualismo inconsequente, cuja forma mais avançada é a construção metafísica ou religiosa de um mundo verdadeiro pensado como liberação do sofrimento aparentemente próprio da vida. Nietzsche critica, por exemplo, o epicurismo, que, segundo ele, só concebe o prazer como cessação da dor. Recusa do mesmo modo as doutrinas, a de Schopenhauer em primeiro lugar, que pretendem julgar o valor da vida a partir de sua avaliação em termos de sofrimento. Ao contrário, o que ele descobre na grande cultura dos gregos da idade trágica é precisamente a recusa desse tipo de condenação e a busca de uma forma extrema de sofrimento e de pessimismo para superá-la vitoriosamente: esse é o processo que, a seu ver, a tragédia ática exprime – a felicidade não é um estado, misteriosamente prodigalizado aos gregos e recusado a outros povos, e sim uma conquista.

Ressentimento

Al.: *Ressentiment* – Fr.: *Ressentiment*

* O ressentimento é um afeto: mais precisamente, uma forma de ódio contido, caracterizado pela impotência e que se exprime como vontade de vingança, com a especificidade, contudo, de não se traduzir por uma luta frontal, mas pela busca de uma compensação imaginária.

** A ação do ressentimento é sempre uma reação: diferentemente do *páthos* da distância, ela nunca é criação espontânea; seu gesto fundamental é uma oposição a uma instância diferente de si mesmo, que pressupõe portanto a presença de uma autoridade anterior, de uma avaliação já presente (ver *Para a genealogia da moral* I, § 10). O par axiológico "mau/bom" (por oposição ao par "bom/ruim") é a criação interpretativa mais característica do espírito do ressentimento: sob a ação do ódio e da vingança, reinterpreta a força como livre para se manifestar ou não, para produzir seus efeitos ou não – logo, como responsável por suas manifestações. É essa dissociação – ilegítima – entre a força e suas manifestações que permite que o espírito do ressentimento interprete a força como maldade e inaugure a inversão dos valores aristocráticos.

*** A terceira dissertação de *Para a genealogia da moral* precisa o estatuto do ressentimento, que Nietzsche primeiro apresenta de modo bastante brutal, atendo-se a algumas indicações lacônicas. O sentido desse afeto só aparece plenamente depois de interpretado a partir da psicologia da vontade de poder, ou seja, uma vez elucidado o nexo que o une ao sofrimento. Pois o ressentimento, ao qual Nietzsche reconhece, por essa razão, uma função "fisiológica" de narcótico, é essencialmente uma reação que visa fazer cessar um sofrimento, e isso provocando um sofrimento, processo que alicerça todo o segundo tipo fundamental de moral, no qual se inclui, por exemplo, a moral ascética do cristianismo. Portanto, no cerne desse afeto está de certa forma um fenômeno de troca de sofrimento: "De fato, todo ser que sofre procura instintivamente uma causa para seu sofrimento; mais exatamente, um agente, mais precisamente ainda, um agente culpado passível de sofrimento – em suma, algo vivo sobre o qual ele possa, com um pretexto qualquer, descarregar seus afetos de maneira ativa ou *in effigie* [...]. Unicamente aí é que se encontra, de acordo com minha conjectura, a verdadeira causalidade fisiológica do *ressentimento*, da vingança e dos fenômenos a eles aparentados, portanto, num desejo *de amortecer a dor graças ao afeto*" (*Para a genealogia da moral* III, § 15). Por conseguinte, o ressentimento não pode ser considerado um fato bruto da natureza humana ou um dado imediato da análise da moral – em nenhum caso, Nietzsche faz dele a "essência" da moral, ou seja, de *qualquer* moral. Mediante a fórmula "levante de escravos", Nietzsche designa a lógica interpretativa característica do ressentimento e da fraqueza: está marcada pela primazia de afetos negativos, perpassados de hostilidade, mas destituídos da espontaneidade criativa própria da força. Esse processo pertencente à vida dos valores explica, em particular, a última grande inversão axiológica, aquela que o cristianismo instaurou. A insurreição de Lutero contra a Igreja Romana constitui para Nietzsche um outro exemplo desse *Aufstand*, desse levante.

Sentido histórico
Al.: *Historischer Sinn* – Fr.: *Sens historique*

* Ao denunciar o preconceito que consiste em crer na existência de verdades eternas e de essências fixas, verdadeiro pecado original dos filósofos (*Humano, demasiado humano* I, § 2; ver também *FP X*, 26 [393]), a reflexão nietzschiana reintroduz o pensamento do devir no questionamento filosófico.

** Desde *O nascimento da tragédia* e depois na segunda *Consideração extemporânea*, Nietzsche reflete ademais sobre o sentido e o valor da história na perspectiva da cultura, particularmente sobre seus perigos. A noção de sentido histórico constitui o resultado dessa dupla linha de reflexão: ao rejeitar o culto do fato e a assimilação da história apenas à sua dimensão de acontecimento, redefine o pensamento da história à luz da teoria dos valores. Nietzsche caracteriza assim o sentido histórico como "a capacidade de adivinhar rapidamente a hierarquia de avaliações segundo a qual um povo, uma sociedade, um homem viveram, sendo que o 'instinto divinatório' apreende as relações entre essas avaliações, a relação entre a autoridade dos valores e a autoridade das forças em exercício" (*Para além de bem e mal*, § 224).

*** Na perspectiva da criação, Nietzsche pensa o sentido histórico como produto da mescla de populações e de classes própria da evolução democrática da Europa moderna, ou seja, sobretudo da fusão das pulsões e dos valores próprios de diferentes tipos de homem. Exprime assim a riqueza da herança axiológica que caracteriza os europeus da idade contemporânea, as possibilidades de compreensão que abrem, mas também os riscos que contêm – a tentação do grotesco e da comédia do espírito.

Valor/Avaliação
Al.: *Wert/Wertschätzung* – Fr.: *Valeur/Évaluation*

* O valor, em Nietzsche, opõe-se à simples representação. De fato, não há divisão real entre o teórico e o prático: os valores são crenças interiorizadas que traduzem as preferências fundamentais de um tipo dado de vivente, o modo como ele hierarquiza a realidade fixando o que sente (equivocadamente às vezes) como prioritário, necessário, benéfico ou, ao contrário, nocivo. Esse trabalho de apreciação é o que o termo avaliação ou estimativa de valor (*Wertschätzung*) destaca mais claramente.

** Os valores são interpretações e não são mais passíveis de uma apreciação em termos de verdade ou falsidade do que qualquer outro gênero de interpretação. O que os caracteriza não é uma natureza específica, é antes uma posição particular no seio de uma determinada cultura – qualquer interpretação sendo passível de entrar, se as condições de cultura o permitirem, na categoria de valor. Pode-se, de fato, falar de interpretações fundamentais para indicar que são elas que comandam a constituição de todas as outras interpretações mais desenvolvidas que aparecem nas diversas culturas, sobretudo as doutrinas e sistemas de pensamento morais, religiosos, filosóficos etc. Um exemplo dessa relação de subordinação entre uma interpretação segunda e um valor é o ideal científico e, mais amplamente ainda, o ideal de conhecimento que repousa sobre os valores fundamentais que são a crença na existência de um bem e um mal em si, opostos de forma excludente, como mostra o aforismo 344 de *A gaia ciência*: sem a crença num bem em si não existe ideia possível de verdade (no sentido clássico do termo) e, portanto, de valorização do saber objetivo; situação bem diversa é a que nos revela a cultura dos gregos trágicos, anteriores ao socratismo e ao platonismo, segundo Nietzsche.

*** Existe um estreito vínculo entre a noção de valor e a de pulsão ou instinto. Do ponto de vista psicofisiológico, essas preferências fundamentais que os valores são exprimem as necessidades capitais do organismo que avalia, equivalência sublinhada, por exemplo, em *Para além de bem e mal*: "avaliações, ou mais claramente falando, exigências fisiológicas ligadas à conservação de uma determinada espécie de vida" (§ 3). Os instintos, afetos ou pulsões são os processos interpretativos regidos por essas preferências axiológicas na organização da vida e hierarquizados em função dessas preferências. Assim, para Nietzsche, os valores ganham a condição de sintomas do estado do corpo interpretante, ou ainda, do grau de força própria à sua vontade de poder: "Todos os juízos de valor são o resultado de quantidades determinadas de força e do grau de consciência que delas se tem: são as leis da *perspectiva* aplicadas a cada vez à natureza particular de um homem e de um povo – ao que é próximo, importante, necessário etc." (*FP X*, 25 [460]). A definição do homem como animal que mede reporta-se diretamente a esse pensamento sobre os valores: "Estabelecer preços, medir valores, imaginar equivalentes, trocar – eis o que preocupou o primeiro de todos os pensamentos do homem a ponto de ser, em certo sentido, *o* pensamento [...] o homem se designou como o ser que mede valores, que avalia e mede, como o 'animal estimador em si'" (*Para a genealogia da moral* II, § 8).

O termo "valor" possui, no questionamento genealógico, um segundo sentido e designa então o caráter benéfico ou nocivo para a vida dos diversos valores. Depois de recusado o antigo critério que era a verdade, a reflexão nietzschiana se volta para a construção de um novo critério que permita decidir [sobre] as interpretações: será no poder que Nietzsche o encontrará – ou seja, concomitantemente no grau de poder que um valor exprime e no poder que esse valor, incorporado e tendo-se tornado regulador, irá conferir, no longo prazo, ao tipo de vivente que o adotar. Muitos textos póstumos explicitam essa análise: "Ora, pelo que se mede objetivamente o valor? Unicamente pelo *quantum* de *poder intensificado* e *organizado*, de acordo com o que se produz em qualquer evento, qual seja, uma vontade do mais..." (*FP XIII*, 11 [83]). O valor dos valores exprime, portanto, como também diz Nietzsche, a promessa de futuro, a capacidade de certo tipo de vida sobreviver e se intensificar, em conformidade com as exigências da vontade de poder – ou sua capacidade de escapar do niilismo e da vontade de morte: "O ponto de vista do 'valor' é o ponto de vista das condições de conservação e de intensificação, considerando-se formações complexas de relativa duração da vida no seio do devir" (*FP XIII*, 11 [73]).

Verdade
Al.: *Wahrheit* – Fr.: *Vérité*

* A reflexão nietzschiana volta a pôr em questão a legitimidade da noção de verdade e mostra que a compreensão da filosofia como busca da verdade repousa sobre pressupostos que nunca foram interrogados. Por que querer a verdade? Por que não preferir o erro? Essa veneração quase religiosa da verdade supõe uma preferência fundamental não reconhecida como tal e menos ainda justificada. Nessas condições, portanto, percebe-se que a verdade é um valor e não uma essência objetiva. Nietzsche mostra, assim, que a problemática dos valores é mais profunda que a da verdade e justifica ao mesmo tempo a necessidade de uma reforma radical do questionamento filosófico: "A questão dos valores é *mais fundamental* que a questão da certeza: esta última só se torna séria sob a condição de que a questão do valor já tenha encontrado resposta" (*FP XII*, 7 [49]).

** A verdade é tipicamente um desses termos cuja pertinência Nietzsche nega, embora, às vezes, conserve seu uso, prática essa que confere a seus textos um aspecto amiúde enigmático. Na perspectiva que identifica a realidade a um conjunto de processos de interpretação, já não há lugar para a compreensão da verdade como referente absoluto ou como norma invariante. Mas o modo como Nietzsche repensa a noção de verdade ajuda a entender bem no que a sua filosofia da interpretação se distingue de ponta a ponta de um simples relativismo: de fato, a verdade é redefinida como erro – consequência inelutável do primado da interpretação. Pois, no seio dessas interpretações, convém ainda estabelecer distinções: a verdade é repensada como a posição relativa de certos erros que se tornaram condições de existência. Logo, o verdadeiro é de certo modo o falso que se tornou condição de vida, ilusão interpretativa cujo estatuto foi esquecido. Era nesse sentido que um dos primeiros escritos filosóficos de Nietzsche já analisava essa noção: "Portanto, o que é a verdade? Uma multidão movediça de metáforas, metonímias e antropomorfismos, em suma, uma soma de relações humanas que foram realçadas, transpostas e ornadas pela poesia e pela retórica e que, após um longo uso, parecem estabelecidas, canônicas e obrigatórias aos olhos de um povo: as verdades são ilusões às quais se esqueceu que são ilusões, metáforas gastas que perderam sua força sensível, moedas que perderam sua efígie e que já não são consideradas como tais, mas apenas como metal" (*Verdade e mentira no sentido extramoral*, p. 282). Alguns anos depois, Nietzsche precisará essa análise desconectando o verdadeiro do irrefutável: "Verdade: no meu entender, isso não significa necessariamente o contrário de um erro, significa apenas, em todos os casos mais decisivos, a posição ocupada por diferentes erros uns em relação aos outros: por exemplo, um é mais antigo, mais profundo que outro, talvez até impossível de desarraigar, se um ser orgânico de nossa espécie não conseguir prescindir dele para viver; outros erros, porém, não exercem sobre nós semelhante tirania, porque não são necessidades vitais e podem, ao contrário daqueles tiranos, ser reparados e 'refutados'. Por que motivo deveria uma hipótese ser *verdadeira* apenas pelo fato de ser irrefutável? Essa frase decerto fará os lógicos darem pulos de indignação, eles que supõem que *seus limites* são também os das coisas; mas já faz tempo que declarei guerra a esse otimismo de lógico" (*FP XI*, 38 [4]). Ver também *FP XI*, 34 [253] e *A gaia ciência*, § 265).

*** Se a realidade é aparência, isto é, ilusão, falsidade, a vontade de verdade, genealogicamente elucidada, aparece como uma forma mascarada de vontade de morte: "Sem dúvida: cumpre levantarmos aqui o problema da veracidade: se for verdade que vivíamos graças ao erro, que pode ser nesse caso a 'vontade de verdade'? Não deveria ela ser uma 'vontade de morrer'? – O esforço dos filósofos e dos homens de ciência não seria um sintoma de vida declinante, decadente, uma espécie de desgosto da vida que a própria vida sentiria? *Quaeritur*: há com que continuar sonhando" (*FP XI*, 40 [39]).

Vida
Al.: *Leben* – Fr.: *Vie*

* A referência à vida ocupa um lugar a tal ponto preponderante na reflexão de Nietzsche que alguns comentadores ficaram tentados a falar de "vitalismo" no tocante a ele. Trata-se, contudo, de uma qualificação inapropriada em sentido estrito. Seria mais correto dizer que seu pensamento é uma interpretação da realidade a partir de uma reflexão sobre a vida: ponto de vista inevitável, se admitirmos que toda realidade é perspectivista, interpretativa e que nenhuma interpretação pode fazer abstração das condições próprias ao vivente interpretante que a constrói.

** A reflexão nietzschiana recusa a compreensão da vida, própria das teorias do meio, que supervalorizam a influência dos fatores externos: "A vida *não* é adaptação das condições internas às condições externas, mas vontade de poder que, de dentro, submete a si e incorpora a si uma parcela cada vez maior do 'exterior'" (*FP XII*, 7 [9]). Rejeita do mesmo modo sua identificação com o instinto de conservação, no qual Nietzsche vê uma forma de penúria, de economia, em total desacordo com a determinação fundamental da vida, a saber, "a riqueza, a opulência e mesmo o absurdo desperdício" (*Crepúsculo dos ídolos*, "Incursões de um extemporâneo", § 14).

*** Em compensação, Nietzsche dispõe dos meios para mostrar que a vida se resume a uma forma particular de vontade de poder, que ela é interpretação e, como tal, processo articulado à intensificação e ao crescimento: "*o que é a vida?* Precisa-se aqui de uma nova versão mais precisa do conceito de 'vida': sobre esse ponto, minha fórmula enuncia-se assim: a vida é vontade de poder" (*FP XII*, 2 [1901]. Essa análise permite entender o antagonismo fundamental que opõe a moral ascética à vida. Com efeito, a primeira propõe como valores supremos a negação das condições próprias da segunda: "a vida mesma é *essencialmente* apropriação, agressão, conquista do que é estranho e mais fraco, opressão, dureza, imposição de suas formas próprias, incorporação e, no mínimo, nos casos mais moderados, exploração –, mas por que empregar sempre essas palavras, carregadas desde tempos imemoriais de uma intenção de caluniar? [...] A 'exploração' não é própria de uma sociedade perversa ou imperfeita e primitiva: é própria da *essência* do vivente, enquanto função orgânica fundamental, ela é uma consequência da vontade de poder autêntica, que é justamente a vontade de vida" (*Para além de bem e mal*, § 259).

Vontade

Al.: *Wille* – Fr.: *Volonté*

* Nietzsche rejeita a compreensão da vontade como faculdade e chega até a recusar radicalmente a própria noção: "*não existe vontade nenhuma, nem livre, nem não livre*" (*FP X*, 27 51]). Contudo, seus textos continuam a fazer uso do termo, num sentido deslocado, que, contrariamente ao que às vezes se afirma, absolutamente não se explica por algum empréstimo de Schopenhauer, cuja teoria Nietzsche condena explicitamente em várias oportunidades.

** A vontade é o nome único, enganosamente sintético, que se dá a uma multiplicidade extremamente complexa de processos, que Schopenhauer justamente estudou mal e simplificou grosseiramente. Nela entram ao mesmo tempo sentimentos, pensamentos e afetos, e o cerne do problema é exatamente o modo de comunicação que rege o conjunto dos elementos constitutivos do corpo. Nietzsche pensa essa comunicação com base no modelo do comando: "Um homem que *quer* – dá uma ordem a um algo nele que obedece ou que ele acha que obedece" (*Para além de bem e mal*, § 19). De sorte que a vontade identifica-se para Nietzsche ao afeto do comando: "querer é mandar" (*FP X*, 25 [380]. Ver também *FP X*, 25 [389]; *FP X*, 25 [436]; *A gaia ciência*, § 347).

*** Portanto, a vontade não é de modo algum um processo originariamente unitário: "A antiga palavra 'vontade' serve apenas para definir uma resultante, uma espécie de reação individual, que decorre necessariamente de uma multidão de solicitações em parte contraditórias, em parte concordantes:

– a vontade já não 'age', já não 'move'..." (*O anticristo*, § 14). Sua unidade, quando existe, é de composição: a vontade remete fundamentalmente ao tipo de organização que caracteriza uma determinada estrutura pulsional, bem hierarquizada ou, ao contrário, anárquica. Nessa perspectiva, a qualidade da vontade é avaliada em função de sua aptidão para enfrentar eficazmente as resistências, com base numa hierarquia bem definida, que é a condição de uma colaboração eficaz: "Avalio o homem segundo o *quantum de poder* e de *abundância de sua vontade* [...] – avalio o *poder* de uma *vontade* segundo o grau de resistência, de dor, de tortura que ela suporta e consegue converter em benefício próprio" (*FP XIII*, 10 [118]). É o que possibilita a Nietzsche fazer uso das noções de vontade forte e de vontade fraca, apesar de negar a ideia de vontade: "Fraqueza da vontade: é uma imagem que pode induzir ao erro. Pois não há vontade e, por conseguinte, nem fraca, nem forte. A multiplicidade e a desagregação dos impulsos, a falta de um sistema que os coordene dá uma 'vontade-fraca'; sua coordenação sob o predomínio de um único impulso dá a 'forte vontade' –; no primeiro caso, tem-se a oscilação contínua e a falta de centro de gravidade; no segundo, a precisão e a clareza de direção" (*FP XIV*, 14 [219]).

Vontade de poder

Al.: *Wille zur Macht* – Fr.: *Volonté de puissance*

* Noção central do pensamento de Nietzsche, a vontade de poder só aparece sob essa designação bastante tardiamente, em *Assim falou Zaratustra*, considerando-se os textos publicados, precedida por algumas menções esparsas nos textos póstumos do fim dos anos 1870 e começo dos anos 1880 (na época do *Viandante e sua sombra* e de *Aurora*, essencialmente). Ela não é uma forma de vontade no sentido que esse termo tem classicamente na tradição filosófica. A vontade de poder tampouco significa o desejo de dominação, nem a aspiração ao poder: essa leitura, feita pela psicologia empírica mais rasa, suporia uma clivagem entre o desejo, a aspiração e a vontade por um lado e seu objeto (visado) por outro, dualismo que

Nietzsche recusa. Além disso, ela interpretaria de maneira reducionista esse poder como poder ou autoridade política, formas subalternas do verdadeiro poder, que é muito mais autodomínio. Por fim, ela indicaria genealogicamente o exato contrário do que pensa Nietzsche: a aspiração ao poder (que não se tem e não se é) na verdade traduz a seus olhos uma forma de fraqueza e de falta, ao passo que a fórmula de vontade de poder pretende significar a força superabundante. Dessa maneira, a vontade de poder não é busca de um atributo ou de um estado exterior a si, mas processo de intensificação do poder que se é. Por isso é que os dois termos extremos da perífrase devem ser lidos como um todo.

** A vontade de poder se identifica com a noção de interpretação. A ideia central é, portanto, a de um processo de domínio e de crescimento: "A vontade de poder *interpreta*: quando um órgão ganha forma, trata-se de uma interpretação; a vontade de poder delimita, determina graus e disparidades de poder. As simples disparidades de poder não poderiam ser percebidas como tais, tem que existir algo que queira crescer, que, com referência a seu valor, interprete qualquer outra coisa que queira crescer. [...] Na verdade, *a interpretação é ela mesma um meio de se assenhorear de alguma coisa. O processo orgânico pressupõe um perpétuo* **interpretar**" (*FP XII*, 2 [148]). Além disso, convém evitar qualquer interpretação monista da noção: a vontade de poder é plural; não é nem princípio nem fundamento e só se manifesta na forma de um jogo múltiplo de processos rivais se entreinterpretando, jogo que não exclui a possibilidade de alianças ou coalizões parciais. São essas traduções particularizadas da vontade de poder que Nietzsche (que utiliza apenas excepcionalmente essa perífrase no plural) designa pelos termos "afetos", "instintos" ou então "pulsões": "a vontade de poder é a forma primitiva do afeto, [...] todos os afetos são apenas desenvolvimentos dela" (*FP XIV*, 14 [1211; ver também *FP XI*, 36 [31]: "No animal, é possível deduzir todos os instintos da vontade de poder; assim como todas as funções da vida orgânica derivam dessa fonte única"). Embora Nietzsche utilize, bastante parcimoniosamente, a fórmula "vontade de poder" em seus textos publicados, aplica a noção de maneira constante, graças a uma rede de metáforas e de imagens que se revezam para sublinhar alternadamente este ou aquele aspecto desse processo interpretativo: metáfora filológica, psicológica, gastroenterológica, neurológica ou ainda política, apenas para mencionar as principais.

*** Na perspectiva filológica que governa seu questionamento, Nietzsche elabora uma hipótese de leitura que ele substitui às doutrinas filosóficas anteriores: a realidade é interpretável como vontade de poder e nada mais. Essa construção é objeto de uma elaboração rigorosa, cujas etapas são apresentadas, particularmente, no aforismo 36 de *Para além de bem e mal*. Torna-se então possível pensar a realidade como integralmente processual e homogênea, desqualificando as interpretações ilegítimas do idealismo metafísico, particularmente a noção de ser e a ideia de um mundo transcendente.

BIBLIOGRAFIA SELECIONADA

Obras de Nietzsche
A edição de referência dos textos de Nietzsche foi estabelecida por Giorgio Colli e Mazzino Montinari: Friedrich Nietzsche, *Werke. Kritische Gesamtausgabe*, Berlim-Nova York, Walter de Gruyter, 1967 ss.
Com exceção dos textos de juventude e dos textos filológicos, e com um aparato crítico reduzido, essa edição foi reeditada em formato de bolso: Friedrich Nietzsche, *Sämtliche Werke: Kritische Studienausgabe*, Munique- -Berlim-Nova York, DTV-Walter de Gruyter, 1980, 15 volumes.
Os volumes de textos filosóficos da *Kritische Gesamtausgabe* foram traduzidos para o francês com o título: *Friedrich Nietzsche Œuvres philosophiques complètes*, Paris, Gallimard, 1968-1997, 18 volumes.

Outras traduções das obras publicadas de Nietzsche
Le Gai Savoir, trad. P. Wotling, Paris, Flammarion, GF, 1997.
Ainsi parlait Zarathoustra, trad. G.-A. Goldschmidt, Paris, Librairie Générale Française, 1972.
Par-delà le bien et le mal, trad. P. Wotling, Paris, Flammarion, GF, 2000.
Pour une généalogie de la morale, trad. É. Blondel, O. Hansen-Lgve, Th. Leydenbach e P. Pénisson, Paris, Flammarion, GF, 1996.
Éléments pour la généalogie de la morale, trad. P. Wotling, Paris, LGF, Livre de poche, 2000.
Crépuscule des idoles, trad. É. Blondel, Paris, Hatier, 1983; edição completa publicada em 2001.
L'antéchrist, trad. É. Blondel, Paris, Flammarion, GF, 1994.
Ecce Homo / Nietzsche contre Wagner, trad. É. Blondel, Paris, Flammarion, GF, 1992.

Comentários

Blondel, Éric, *Nietzsche, le corps et la culture*, Paris, PUF, 1986.

Granier, Jean, *Le problème de la vérité dans la philosophie de Nietzsche*, Paris, Éditions du Seuil, 1966.

Kaufmann, Walter A., *Nietzsche, Philosopher, Psychologist, Antichrist*, Princeton, Princeton University Press, 1950.

Müller-Lauter, Wolfgang, *Nietzsche, seine Philosophie der Gegensätze und die Gegensätze seiner Philosophie*, Berlim-Nova York, Walter de Gruyter, 1971.

Müller-Lauter, Wolfgang, *Nietzsche, Physiologie de la volonté de puissance*, Paris, Allia, 1998.

Schacht, Richard, *Nietzsche*, Londres, Routledge and Kegan Paul, 1985.

Vattimo, Gianni, *Introduction à Nietzsche*, Bruxelas, De Boeck-Wesmael, 1991.

Wotling, Patrick, *Nietzsche et le problème de la civilisation*, Paris, PUF, 1995.

———, *La pensée du sous-sol*, Paris, Allia, 1999.

LISTA DOS TERMOS EM PORTUGUÊS

Afeto 11
Além-do-Homem 12
Amor fati 14
Aparência 16
Apolíneo 17
Arte 19
Civilização 22
Compaixão 23
Conhecimento 24
Corpo 25
Cultivo/Adestramento 27
Cultura 28
Dionisíaco 30
Espírito livre 33
Espiritualização 33
Eterno retorno 35
Filologia 38
Filósofo 40
Força 41
Genealogia 43
Instinto/Pulsão 44
Interpretação 46
Moral 47
Niilismo 49
Prazer 51
Ressentimento 52
Sentido histórico 54

Valor/Avaliação 54
Verdade 57
Vida 59
Vontade 60
Vontade de poder 61

LISTA DOS TERMOS EM ALEMÃO

Affekt 11
Amor fati 14
Apollinisch 17
Auslegung 46
Civilisation 22
Cultur 28
Dionysisch 30
Erkenntnis 24
Ewige Wiederkehr 35
Freier Geist 33
Genealogie 43
Historischer Sinn 54
Instinkt 44
Interpretation 46
Kraft 41
Kunst 19
Leben 59
Leib 25
Lust 51
Mitleid 23
Moral 47
Nihilismus 49
Philologie 38
Philosoph 40
Ressentiment 52
Schein 16
Trieb 44

Übermensch	12
Vergeistigung	33
Wahrheit	57
Wert	54
Wertschätzung	54
Wille	60
Wille zur Macht	61
Zähmung	27
Züchtung	27

LISTA DOS TERMOS EM FRANCÊS

Affect 11
Amor fati 14
Apollinien 17
Apparence 16
Art 19
Civilisation 22
Connaissance 24
Corps 25
Culture 28
Dionysiaque 30
Élevage 27
Dressage 27
Esprit libre 33
Éternel retour 35
Force 41
Généalogie 43
Instinct 44
Pulsion 44
Interprétation 46
Morale 47
Nihilisme 49
Philologie 38
Philosophe 40
Pitié 23
Plaisir 51
Ressentiment 52
Sens historique 54

Spiritualisation 3
Surhumain 12
Valeur 54
Évaluation 54
Vérité 57
Vie 59
Volonté 60
Volonté de puissance 61